MÚSICA

D664m   d'Olivet, Antoine Fabre.
        Música : explicada como Ciência e Arte considerada em suas relações analógicas com os Mistérios Religiosos, a Mitologia Antiga e a História do Mundo / Antoine Fabre d'Olivet ; prefácio, Jean Pinasseau ; tradução, Orlando Toseto Jr. e William de Carmo. – São Paulo : Ícone, 2002.
        108 p. ; 23cm.

        ISBN 85-274-0664-0

        1. Música. 2. Origem. 3. Sistemas musicais. I. Título.
                                                        CDU 78

Catalogação na publicação:
Samile Andréa de Souza Vanz – CRB 10/1398

ANTOINE FABRE D'OLIVET

MÚSICA

Explicada como Ciência e Arte e considerada em suas relações analógicas com os Mistérios Religiosos, a Mitologia Antiga e a História do Mundo

Tradução:
*Orlando Toseto Jr.
e
William de Carmo*

© Copyright 2002.
Ícone Editora Ltda.

Capa
Andréa Magalhães da Silva

Diagramação
William de Oliveira

Revisão
Jonas Medeiros Negalha

Proibida a reprodução total ou parcial desta obra, de qualquer forma ou meio eletrônico, mecânico, inclusive através de processos xerográficos, sem permissão expressa do editor.
(Lei nº 9.610/98)

Todos os direitos reservados pela
ÍCONE EDITORA LTDA.
Rua das Palmeiras, 213 - Sta. Cecília
CEP 01226-010 - São Paulo - SP
Fone/Fax (11) 3666-3095
www.iconelivraria.com.br
e-mail: editora@editoraicone.com.br

Índice

Prefácio 7

Capítulo I
As Idéias dos Antigos na Música 9
Complento ao Capítulo I 13

Capítulo II
A verdadeira causa dos efeitos morais da Música 17
Complemento ao capítulo II
Adendo A 23

Capítulo III
Por que os princípios da música permaneceram desconhecidos;
vicissitudes dessa ciência; origem do sistema moderno 29
Complemento ao capítulo III
Adendo A 33
Adendo B 36

Capítulo IV
A origem da música 41
Complemento ao capítulo IV
Adendo A 45

Capítulo V
Etimologia da palavra "Música". O número considerado como
princípio musical 49

Capítulo VI
Um olhar sobre a Música Sagrada 53

Capítulo VII
Um olhar sobre a Música Celestial 59

Capítulo VIII
O sistema musical dos Chineses 67
Complemento ao capítulo VIII 72
Adendo A 72

Capítulo IX
O sistema musical dos Gregos 75
Complemento ao capítulo IX 80
Adendo A 80

Capítulo X
O sistema musical dos Cristãos Orientais 85

Capítulo XI
Definição de Melodia: como é produzida e modificada 89

Capítulo XII
Conselho aos jovens Compositores quanto à Imitação 93
Complemento ao capítulo XII 97
Adendo A 97

Capítulo XIII
Harmonia entre os Gregos e os Romanos 99

Capítulo XIV
A origem da notação e da música moderna 103

Capítulo XV
A música dos Fenícios 107

PREFÁCIO

Por Jean Pinasseau[1]

O presente volume compreende: (1) os quinze artigos publicados em *La France Musicale* sob o nome Fabre d'Olivet em 1842, 1843 e 1844, e publicados de forma incompleta por René Philipon em 1896 (Paris: Chamuel; 2ª edição, Paris: Chacornac, 1910); (2) quatro artigos, sob dois títulos coletivos: "A Origem da Música" e "Uma Vista Sobre a Música Sagrada e Celestial", publicados no mesmo jornal em 1850 sem indicação de autoria, mas certamente extraídos do manuscrito entregue ao jornal em 1842.

Na ausência do manuscrito original, a ordem dos capítulos é incerta, e foram dispostos na ordem que parece mais lógica.

No Apêndice estão reproduzidos: (1) dois artigos publicados no mesmo jornal em 1844 e 1852, "Harmonia entre os Gregos e os Romanos" e "Origem da Notação e da Música Moderna", que parecem atribuíveis a Fabre d'Olivet mas que foram provavelmente adaptados pelos editores do jornal; (2) dois artigos, "A Música dos Fenícios e dos Egípcios" tirados do *Dictionnaire de musique théorique et historique* de Escudier,[2] diretor de *La France Musicale*.

Certas repetições fazem pensar que o manuscrito original, que certamente incluía capítulos referentes à música dos Hindus[3] e dos Fenícios, talvez também naquele dos Egípcios e dos Hebreus, consistiam em fragmentos para revisão, o que explicaria o fato de d'Olivet nunca ter publicado o trabalho.

Esta edição apenas completa as duas precedentes; não é definitiva.

---

[1] Jean Pinasseau (morto em 1972) devotou muitos anos ao estudo de Fabre d'Olivet. Seus manuscritos, incluindo alguns do próprio Fabre d'Olivet, estão agora na Bibliotheca Philosophica Hermetica (Bibliotheek J. R. Ritman), em Amsterdã.
[2] Marie e Léon Escudier, fundadores do *France Musicale* e editores desse dicionário, em 2 volumes (Paris, 1844 e muitas edições posteriores).
[3] Parece que o teósofo Saint-Yves d'Alveydre conhecia o capítulo perdido de Fabre d'Olivet sobre a música Hindu, pois o cita nas notas manuscritas de *L'Archéomètre* (Paris, 1912), hoje na Bibliothèque de la Sorbonne, Ms. 1823, fol. 63.

CAPÍTULO I

AS IDÉIAS DOS ANTIGOS NA MÚSICA[4]

Vou examinar a música em geral, como ciência e como arte, e tentar obter desse exame um sistema teórico e prático baseado na Natureza, unindo os princípios descobertos pelos Antigos ao conhecimento adquirido pelos Modernos.

Esse estudo e esses resultados são mais importantes do que se pode pensar, pois a música não é, ao contrário do que hoje se imagina, meramente a arte de combinar sons (ou o talento para reproduzi-los) de modo a agradar aos ouvidos: esse é apenas o lado prático em que resultam as formas efêmeras, mais ou menos brilhantes de acordo com tempo, lugar, gosto e caprichos das pessoas, os quais fazem com que variem de mil modos diferentes. A música considerada em seus aspectos especulativos é, como a definiram os Antigos, o conhecimento da ordem de todas as coisas, a ciência das relações harmônicas do Universo, a qual repousa sobre princípios imóveis, que ninguém pode alterar.[5]

Quando os estudantes modernos lêem nos trabalhos da Antigüidade os singulares méritos da música e as maravilhas a ela atribuídas, não conseguem fazer disso uma idéia; e desde que não podem, nem no estudo nem na prática de uma arte que surge extremamente frívola a seus olhos, justificar essas loas ou confirmar tais milagres, tratam os autores como visionários ou acusam-nos de impostores, sem refletir que esses autores que eles ousam assim insultar foram os mais judiciosos, sábios, esclarecidos e virtuosos homens de suas épocas.

---

[4] Publicação assim anunciada em *La France Musicale* de 25 de Setembro de 1842: "Hoje começamos a publicar um livro inédito de Fabre d'Olivet, renomado Orientalista e músico talentoso, que morreu em Paris em 1825. Seus herdeiros encontrarm entre os papéis do escritor, homem original e profundo, um trabalho intitulado *La Musique expliquée comme Science et comme Art, et considérée dans ses rapports analogiques avec les mystères religieux, la mythologie ancienne et l'histoire de la terre*. Esse trabalho, que acrescenta à novidade de suas observações o charme de sua forma e o mérito da perfeita clareza, foi-nos confiado com a permissão de dele extrair tudo o que possa ser útil aos leitores de *La France Musicale*".

[5] Paráfrase da definição de música do Tratado Hermético *Esculápio, ou o Sermão Perfeito*.

Os próprios músicos, atrapalhados com sua inabilidade para explicar através de uma música moderna que, crêem eles, atingiu os últimos degraus da perfeição, os espantosos efeitos atribuídos à música antiga, preferem atribuir esses efeitos às vezes à novidade da arte, às vezes ao poder da poesia a ela unida, ou às vezes ao que eles imaginam como ignorância dos povos antigos. Burette[6], o menos perdoável de todos porque seu conhecimento deveria torná-lo mais justo, pretende que as maravilhas ditas da música Grega não provam absolutamente sua superioridade sobre a nossa, e que Orfeu, Demódoco, Foêmio e Terpânder conseguiram apenas o que conseguiria o pior dos nossos rabequeiros de interior diante da mesma audiência[7].

Esse escritor, que assim acredita que se pode comparar os povos da Grécia às hordas selvagens da América, sem dúvida esquece-se de que, de todos os povos que apareceram sobre a Terra, os Gregos foram os mais sensíveis às belezas das artes, e os de cultura mais refinada. Ele não reflete que não muito depois de Orfeu viveram Hesíodo e Homero, os mais renomados dos poetas; Licurgo e Zeleuco, os mais insignes legisladores. Ele prefere não notar que Tirteu e Terpânder foram quase contemporâneos de Safo e Esopo, de Sólon e Píndaro. Não sei como ele poderia manter sua opinião se tivesse refletido nessas coisas apenas por um momento; nem como ele poderia nos provar que aqueles que possuíam poetas como Homero e Safo, legisladores como Licurgo e Sólon, escultores como Fídias, poderiam extasiar-se com a música de um dos nossos menestréis; pois nós, cuja música é tão perfeita em sua opinião, que temos tantas óperas magníficas, nada temos que se compare à *Ilíada* ou à *Odisséia*, nada parecido ao Apolo Pítio ou à Vênus Pudica, apesar de nossos escultores e poetas copiarem e recopiarem esses admiráveis modelos.

O brilhante mas superificial autor do *Anacharsis*[8] deve ter vestido um capuz muito espesso para ser capaz de adotar de forma acrítica a

---

[6] P. J. Burette, editor de uma tradução francesa do *Diálogo Musical* de Plutarco (Paris, 1735), e autor de quatorze monografias intituladas *La Musique et la Danse des Anciens* (A Música e a Dança dos Antigos), em *Transactions de l'Académie des Inscriptions*, vols. I-XVII, 1717-1748.

[7] As mesmas palavras em *Les Vers Dorés de Pythagore* (Os Versos Dourados de Pitágoras).

[8] Abbé J. J. Barthélemy, autor de *Voyage du Jeune Anacharsis en Grèce* (Viagem do Jovem Anacharsis à Grécia), começou a redação em 1757, mas não a publicou até 1788: um popular *bildungsroman* na linha inaugurada pelas *Voyages de Cyrus* (Viagens de Ciro), de Ramsay (1727), que inclui muita informação sobre a filosofia grega, costumes, história, e música. A parte musical foi publicada separadamente em 1777 sob o título *Entretiens sur l'état de la musique grecque au quatrième siècle* (Considerações sobre o estado da música grega no século quarto).

opinião de Burette; parece que ele devia ter preferido a opinião de Platão, a do seu rival Aristóteles, a de Plutarco ou a do judicioso Políbio; mas isto faria com que ele tivesse de admitir as maravilhas contadas por esses filósofos, dificuldade que dispensou simplesmente negando-os.

Essas opiniões são indiscutíveis. O historiador Políbio, cuja acuidade é reconhecida, conta que de todo o povo da Arcádia os Cinésios, estranhos à música, eram considerados os mais selvagens; e ele atribui com firmeza essa ferocidade ao fato de nada conhecerem dessa arte. Fala com energia contra um certo éfiro que ousou dizer que a música só foi introduzida entre os homens para seduzi-los e desencaminhá-los através de um certo tipo de encantamento; ele opõe a isto o exemplo de outros Arcadianos que, tendo recebido de seus legisladores certas regras que estimulavam seu gosto por música, eram notáveis por seus hábitos gentis e pelo respeito à divindade. Traça um quadro encantador dos festivais em que os jovens arcadianos eram acostumados desde a infância a cantar hinos religiosos em honra aos deuses e aos heróis nacionais, e acrescenta: "Conto isto para persuadir os Cinésios a dar preferência à música, se algum dia o céu inspirá-los ao desejo de aplicarem-se às artes que humanizam os povos; pois este é o único modo de arrancá-los da sua ancestral selvageria."

Assim, Políbio atribui à música o poder de modificar o comportamento. Muito antes disso, Platão reconheceu nessa arte uma irresistível influência na forma de governo, e não hesitou em afirmar que não se poderia mudar a música se não se mudasse primeiro a constituição do Estado. Essa idéia, de acordo com Platão, era devida a Damon, que deu lições de harmonia a Sócrates; mas depois de recebê-la de Sócrates, ele (Platão) a desenvolveu bastante por seus próprios estudos e meditações. Em seus trabalhos nunca deixa escapar a oportunidade de falar de música e de demonstrar seus efeitos. Ele nos assegura, no começo de seu livro das *Leis*, que toda a educação está contida na música. "O homem bom", diz ele em outra parte, "é um músico por excelência, porque cria uma harmonia não com a lira ou outro instrumento, mas com o todo da sua vida." Esse filósofo é cuidadoso em evitar o que os vulgares estavam começando a fazer em seu tempo: situar a perfeição da música em sua faculdade de afetar prezerosamente a alma; ele afirma, ao contrário, que nada é preciso além da razão e da verdade.

A beleza da música consiste, de acordo com ele, na verdadeira beleza da virtude que ela inspira. Acredita que pode-se reconhecer as inclinações dos homens pelo tipo de música que gostam ou admiram, e deseja que o gosto por essa ciência possa ser formado desde cedo, introduzindo-a na educação das crianças de acordo com um sistema fixo e propriamente ordenado. "Um Estado governado pelas boas leis", diz, "nunca entrega as bases da educação musical aos caprichos dos poetas e músicos; ele regula essas coisas como se faz no Egito, onde os jovens são acostumados a seguir o que é mais perfeito, tanto em melodia quanto em ritmo e forma modal."

O sistema musical que Platão tinha em mente nessa passagem originou-se do Egito; originalmente trazido para a Grécia em seu lado prático por Orfeu, foi depois desenvolvido por Pitágoras,[9] que explica sua parte teórica de forma aberta, ocultando apenas o princípio fundamental da ciência, cujo conhecimento reservou para os iniciados, como prometeu fazer nos santuários; pois os sacerdotes egípcios não comunicavam os princípios das ciências, exceto após os mais severos julgamentos e solenes juramentos de silêncio, para que não os revelassem a ninguém, exceto àqueles aptos a possuí-los. Esta é a causa do longo silêncio que Pitágoras ensejou em seus discípulos, e a origem dos misteriosos véus com os quais os obrigou a ocultar seus ensinamentos.

O sistema musical que temos hoje, que nos chegou vindo dos Gregos através dos Romanos, é assim em seu pricípio constitutivo o mesmo dos antigos Egípcios; variou apenas nas formas práticas que o desfiguram, e que podem ser facilmente removidas, como pretendo mostrar. É o mesmo sistema que Timeu de Lócris[10] louvou como instituído pelos deuses para o aperfeiçoamento da alma, e no qual viu a música celestial que, dirigida pela filosofia, pode facilmente acostumar, persuadir, e forçar a parte sensual da alma a obedecer à parte intelectual, suavizando sua parte irascível, controlando sua parte concupiscente, e impedindo a ambas de moverem-se contrariamente à razão ou de relutar ao comando dessa mesma razão.

France Musicale, **25 de Setembro de 1842**

---

[9] Os ensinamentos musicais de Pitágoras são conhecidos apenas através dos escritos de seus discípulos e críticos.
[10] Filósofo pitagórico; o personagem principal do *Timeu* de Platão.

COMPLEMENTO AO CAPÍTULO I

De acordo com o que Platão adiciona à passagem que citei, os sacerdotes Egípcios desenhavam diagramas de melodia e harmonia, e os gravavam em tábuas exibidas ao público nos templos. A ninguém era permitido mudar nada nesses modelos, que com as mesmas leis controlavam tudo o que se relacionava à música, pintura e escultura, e podia-se ver o trabalho artístico de dez mil anos antes, e ouvir-se canções da mesma época.

Platão, mencionando esse longo período de tempo como se suspeitasse de que a posteridade o poria (ao período) em dúvida, teve o cuidado de repeti-lo: "Quando digo dez mil anos, não é apenas maneira de falar, mas literalmente dez mil anos: de modo que se pode considerar tal instituição uma obra-prima de legislação e política."

A antigüidade desse sistema musical permite inferir sua universalidade. Pode ser encontrado, com diferentes modificações, espalhado sobre todas as partes da Terra onde haja nações civilizadas, ou onde as tenha havido; Arábia, Pérsia, toda a Índia, e mesmo a China não conhecem outro. Os árabes, como eles mesmos afirmam, derivam sua música dos persas. Os persas tomaram suas formas dos hindus, embora relutem em admiti-lo; mas isso é provado pelo número e conformidade de seus modos. Tudo isso atribui um grande poder à sua música, cujo sistema, que é o mesmo dos gregos e egípcios, não difere essencialmente do nosso, exceto em detalhes e nas formas externas que tempos e lugares levaram à variação. O mesmo para a música chinesa, que é basicamente a mesma dos Egípcios, como Abbé Roussier bem observou,[11] e conseqüentemente é a mesma dos Gregos, a despeito da diferença fisionômica que oferece à primeira vista. Tentarei explicar essa dificuldade mostrando, no devido tempo, como é possível a Egípcios e Chineses ter o mesmo sistema musical sem que um derivasse do outro, mas sim com ambos derivando de uma fonte comum.

---

[11] P. J. Roussier, autor da *Mémoire sur la musique des anciens* ("Memória da Música dos Antigos", Paris, 1770).

Neste capítulo, para não ir longe demais do meu plano original, restrinjo-me a provar que os Chineses tinham desde tempos imemoriais as mesmas idéias que os Gregos a respeito dos poderes morais da música.

O famoso Khung Fu-Tzu, que os primeiros missionários, em seu zelo latinista, chamaram "Confúcio", o Sócrates da China, depois de haver aprendido completamente a música como os sábios Atenienses, reconheceu nessa ciência o mais seguro e agradável meio de reformar e renovar completamente a moral pública.

Ele pensou, como Platão expressou alguns séculos depois, que a música deve ser considerada como um dos primeiros elementos da educação, e sua perda ou corrupção era o mais evidente sinal da decadência dos impérios. Khung Fu-Tzu foi praticamente contemporâneo de Pitágoras e do segundo Zoroastro;[12] sem saber desses homens divinos, sem sequer haver ouvido falar neles, professava a mesma doutrina. Tão profundo e moralista quanto o legislador dos Persas, penetrou tão profundamente quanto Pitágoras no princípio das ciências.

O sistema musical de seu país era-lhe perfeitamente familiar, e parece mesmo que era adepto da prática musical. Lê-se nos *Lun Yü* ("Anais") que quando esse filósofo um dia tocava o *chhing*, um pedinte que passava por sua porta parou e, tocado pela harmonia do instrumento, exclamou: "Oh! Que grandes coisas devem ocupar a alma de alguém que toca assim!"

Khung Fu-Tzu aprendeu a venerar a música através dos livros sagrados de sua nação. Esses livros só falam dessa ciência para louvá-la e contar de suas maravilhas.

De acordo com o *Li Chi*, ela é a expressão e imagem da união entre Terra e Céu; seus princípios são imutáveis; ela determina o estado de todas as coisas; ela age diretamente sobre a alma e põe o homem em contato com os espíritos celestiais. Sua finalidade principal é regular as paixões. É a música quem ensina suas tarefas mútuas a pais e filhos, a príncipes e súditos, a maridos e esposas. O sábio encontra em seus acordes uma inexaurível fonte de instrução e prazer, com regras invariáveis de conduta. O *Shu Ching*, livro canônico da primeira ordem, conta que o Imperador Shun, quando nomeou um oficial para presidir essa ciência,

---

[12] O histórico reformador religioso, distinto da personagem mítica; ambos citados no *Zend-Avesta*, que causou grande interesse com sua tradução francesa por A. H. Anquetil du Perron em 1771.

disse-lhe: "Eu vos encargo de presidir sobre a música: ensine-a aos filhos dos grandes, para que aprendam a unir justiça e piedade, cortesia e gravidade, generosidade e coragem, modéstia e compreensão com aborrecimentos vãos.

Os versos expressam os sentimentos da alma, o som põe paixão nas palavras, a música modula o som, a harmonia une todas as vozes e afina a elas as diferentes notas instrumentais; os corações menos sensíveis são tocados, e o homem é unido ao espírito." Khwei era o nome do sábio que foi escolhido pelo Imperador para receber esse importante cargo. É dele que se fala nesse livro, cuja antigüidade remonta a mais de dois mil anos antes que vivesse o Grego Orfeu, quando se diz que sabia como domar os homens mais selvagens, atrair os animais e arrepiá-los com o prazer à sua volta. Seria demasiado citar em detalhes todos os textos dos livros Chineses que falam de música.

Pan Ku, o mais famoso historiador da China, afirma que toda a doutrina dos *Chings* serve para provar a necessidade dessa ciência. Os poetas e oradores definem-na como o eco da sabedoria, senhora e mãe da virtude, mensageira da vontade do *Tien* (nome que davam ao Ser Supremo), a ciência que revela o inefável Ser e eleva o homem até Ele. Escritores de todas as eras atribuem a ela o poder de fazer os espíritos superiores descer à Terra, evocar as sombras dos Ancestrais, inspirar nos homens o amor e a virtude, e fazê-los cumprir com suas tarefas. "Queres saber", dizem eles, "se um reino é bem governado, se a moral de seus habitantes é boa ou má? Observe sua música."

Quando se reflete sobre as idéias de homens como Pitágoras e Khung Fu-Tzu, que eles fizeram adotar em países tão distantes um do outro, depois de obtê-las nos livros sagrados das duas mais antigas nações do mundo, é difícil crê-los desprovidos de fundamentos e atribuir apenas à sorte essa singular coincidência. A mim me parece, a despeito do que disse um certo Delaborde[13] em seus quatro volumes para provar a superioridade da nossa música, que essa superioridade não está de modo algum provada, e que certamente não parece, como ele diz, que os Antigos eram absolutamente ignorantes nessa arte.

É também verdade que nossos executantes, incapazes de entender o que quer que seja das maravilhas de que falam os Antigos, preferem

---

[13] J. B. de La Borde, entusiástico defensor do Abbé Roussier, e autor do *Essai sur la Musique* (Ensaio sobre a Música, 4 vols., Paris, 1780).

negá-las; mas negação não é resposta, e não basta dizer que uma coisa é falsa para que de fato o seja.

Deve ser provado, e é impossível chamar de provas às elucubrações que eles ditam movidos por seu próprio egoísmo. Somos muito esclarecidos em música, dizem eles, e a nossa música é a melhor das músicas possíveis; apesar disso, nela não podemos ver o que os Antigos viam na sua: logo, os Antigos eram ignorantes, visionários, rústicos; e isso é tudo. Há apenas um ponto a ressaltar aqui: alguém tem que determinar exatamente o que está em jogo.[14]

France Musicale, **2 de Outubro de 1842**

---

[14] A primeira parte deste capítulo e o começo do segundo foram quase literalmente reproduzidos por Escudier em seu *Dictionnaire de Musique* (Dicionário de Música), verbete "Anciens (Musique des)."

CAPÍTULO II

A VERDADEIRA
CAUSA DOS EFEITOS MORAIS DA MÚSICA

Sem tentar negar uma coisa tão provada quanto o poder moral da música entre os Antigos, vamos tentar descobrir as causas desse poder, e tentar deixar de lado os maus hábitos que a ignorância e a preguiça nos deu, que são o de arrogantemente negar tudo o que esteja fora da esfera do nosso conhecimento, e tratar de visionários ou impostores aqueles que viram na natureza das coisas aquilo que não podemos ver.

Vamos tentar persuadir-nos de que a visão intelectual do homem pode estender-se ou contrair-se, exatamente como a visão física; ela pode penetrar com maior ou menor acuidade a essência das coisas, como no espaço, e abarcar um número maior ou menor de relacionamentos, conforme as circunstâncias sejam favoráveis e as oportunidades se apresentem; vamos reconhecer que existem consideráveis diferenças de pessoa para pessoa, e de raça para raça; vamos tomar nota de tempos e lugares, revoluções políticas e vicissitudes da natureza, e lembrar que na neblina espessa, por exemplo, um homem distingue menos as coisas, mesmo que sua visão seja excelente, do que alguém com olhos menos penetrantes que esteja num dia claro de sol.

Assim a Europa, longamente envolvida num miasma espiritual, perdeu a iluminação que recebeu da África e da Ásia; a invasão das hordas nórdicas trouxe sobre ela toda a densidade das sombras Cimerianas. Embora seus habitantes sejam geralmente dotados de um aspecto de firmeza moral, e mesmo possuindo um espírito de investigação muito mais ativo e penetrante que o das nações Asiáticas, eles ainda assim têm sido incapazes de adquirir o mesmo conhecimento intelectual na compreensão das profundas trevas que os envolvem.

As ciências físicas, cujas tochas foram acesas pelos Europeus, têm-lhes servido bem, é verdade, para guiá-los nessa longa noite; mas embora brilhantes em sua luz, essas tochas só têm podido mostrar-lhes a forma externa das coisas.

É verdade que eles conhecem essa for.. a externa muito melhor que os povos antigos, graças a essas mesmas ciências físicas que levaram a um ponto de perfeição jamais alcançado em nenhuma outra era. Pode-se ter a certeza de que, no momento em que a luz intelectual, brilhando neles com toda a sua força, dissipar os restos de obscuridade, ignorância e orgulho sistemático que eles mantêm, os povos da Europa moderna verão coisas que jamais poderiam ser vistas pelos antigos Europeus, ou por seus instrutores Africanos ou Asiáticos.

Enquanto esperamos pelo curso irresistível do universo para trazer esse momento feliz e elevar o homem moderno aos pináculos do conhecimento, examinemos imparcialmente as estradas que os Antigos trilharam, e aprendamos pelos claros raios da inteligência a segui-los, e quem sabe até eventualmente ultrapassá-los.

A Música, cujos princípios tentei explicar, não consiste, como já disse, em formas externas: se as formas fossem tudo nessa ciência, eu certamente não escreveria a respeito, pois para que então serviriam as minhas qualificações? Considerando-as dependentes da composição, seria tarefa de grandes mestres descrevê-las, gente como Pergolesi, Glück, Durante, Leo, Sacchini, Cimarosa, Händel, Haydn, Boccherini. Considerando-as inapelavelmente atreladas à performance, as pessoas aptas a falar delas seriam os celebrados virtuosi: cantores como Balthazar Ferri, Posi, Faustina Bordoni, ou instrumentistas como Zarnowich, Balbâtre, Gavinies, Viotti, Duport. Mas as formas são coisas transitórias, e pouco afeitas (nesta ciência ainda menos que nas outras) a resistir às variações do tempo: raro é o século em que três ou quatro composições, tidas pelos amantes da música como imortais, não sejam superadas, destruídas, e afinal enterradas de vez.

Um compositor inteligente, ou um bom intérprete, sem conhecer nada dos princípios desses elementos, mas inspirado pelo gênio ou guiados pelo talento, pode adaptar esses elementos de acordo com as regras e gostos de seu tempo, e produzir ou interpretar uma música que agrade os sentidos; seu sucesso, contudo, por mais brilhante que pareça a princípio, será breve.

Porque ele considerou apenas as formas, sem se preocupar um mínimo que seja com as bases do que está usando, e porque seus ouvintes procuraram apenas o prazer, não conhecendo nada além disso, sua glória se desvanecendo ao longo do edifício que construíram, enquanto novas formas surgiram e encontraram boa acolhida junto aos sentidos, sempre amigos das novidades.[15] O prazer que fez seu triunfo é a causa de seu fracasso: tão logo se torna aborrecido, está morto.

Não é pelas formas externas que a música exerce seu verdadeiro poder; não é nem mesmo pelos elementos que servem para desenvolver essas formas; mas sim através dos princípios que os constituem. Se alguém imagina que os Antigos causaram as maravilhas que atribuíram à música através de algum tipo especial de melodia ou harmonia, esse alguém está errado. Essa melodia e essa harmonia não eram mais que o envelope físico de um princípio intelectual conhecido cuja presença despertou na alma um pensamento análogo, e por esses meios produziu não apenas o prazer sensual dependente da forma, mas também o efeito moral dependente do princípio.

Esse efeito moral nunca falha em sua eficácia, porque o pensamento que o criou conectou-se, através da educação, ao princípio musical, e o prazer em si veio em seguida e porque a forma dada por um homem de gênio relembrou o princípio e ligou-se inseparavelmente a ele. Foi assim que no Egito ouviram-se com o mesmo prazer canções cujas origens perdem-se nas brumas do tempo. Heródoto fala de uma certa canção chamada Linos, que chegou ao Egito através da Fenícia, Chipre e Jônia para toda a Grécia: crê-se que é a mesma que os latinos depois chamaram Noenia. Platão, como vimos, situa suas origens há mais de dez mil anos.

Sei bem que é difícil compreender coisas tão distantes da nossa experiência; mas tentemos uma vez mais acreditar que ainda não atingimos o zênite da ciência, e que a esfera do nosso conhecimento está muito longe de haver englobado a da Natureza.

Deixemos de voltar nossas forças contra nós mesmos por continuar a negar a existência do que não conhecemos. O mais temível obstáculo no caminho do conhecimento é acreditar saber o que os outros não sabem. Quaisquer que sejam as dificuldades que eu tenha ao apresentar claramente idéias tão novas, sem nada para me ajudar na passagem do conhecido para o desconhecido, mesmo assim tentarei completar a tarefa que me impus, e peço ao leitor que me dê a necessária atenção.

---

[15] Rameau disse: "A música está perdida; muda a todo momento." Marcello disse isso antes dele, na Itália, ao mesmo tempo que Pergolesi e Leo (N. do A.)

A música pode ser encarada de muitos modos: pelos modernos ela é conhecida meramente como teoria e prática; pelos Antigos era considerada especulativa, intelectual, ou celestial. A música prática pertence ao compositor ou ao executante, e não excede os limtes da arte. O homem que compõe, ou o intérprete de composições, recebe os elementos musicais como os encontra, sem examiná-los ou discuti-los; ele os usa ou desenvolve de acordo com as regras que conhece, e em conformidade com o gosto das pessoas a quem quer agradar, com maior ou menor sucesso quanto ele seja dotado com maior ou menor gênio ou talento.

A música teórica, além do compositor ou do executante a quem ela ainda pertence, também ocupa o filósofo que, sem compor nada ele mesmo, e sem tocar nenhum instrumento também, tenta com eles examinar os elementos que são postos para trabalhar: o sistema musical como é usado, o som como resultado do corpo sonoro, e as vozes e instrumentos que o modificam. A música assim torna-se um tipo de ciência que, quanto mais restrita for à esfera física, mais pode ser considerada uma ciência de segunda ordem.

É aqui, como já disse, que os Modernos geralmente param; eles mal tiveram um relance da música especulativa que os Antigos estudaram tão assiduamente e que consideravam, com razão, o único tipo digno de ser considerado uma ciência. Esse tipo de música serviu como um tipo de elo ou passagem entre aquela física ou moral [e a celestial ou intelectual, e][16] tratando particularmente os princípios como distintos das formas e dos elementos. Mas como, de acordo com o processo dogmático dos Egípcios, nenhum princípio de nenhuma ciência foi jamais revelado exceto aos iniciados e no segredo dos santuários, segue-se que os princípios sobre os quais repousava o sistema musical das nações antigas permaneceram ocultos dos profanos e nunca foram expostos ao público, exceto sob a cobertura de véus simbólicos e alegóricos.

A música intelectual e celestial, finalmente, era a aplicação dos princípios dados pela música especulativa, nem tanto à teoria e à prática pura e simples mas àquela sublime parte da ciência que tem como objeto a contemplação da Natureza e o conhecimento das leis imutáveis do Universo. Elevando-se então ao mais alto degrau da perfeição, ela formou

---

[16] Inserção requerida pelo bom senso; linha provavelmente omitida na transcrição do manuscrito.

uma espécie de vínculo analógico entre o sensível e o inteligível, e assim proporcionou um meio simples de comunicação entre os dois mundos. Era uma linguagem intelectual aplicada às abstrações metafísicas, e delas fez conhecer as leis harmônicas, assim como a álgebra, a parte científica da matemática, é por nós aplicada às abstrações físicas e serve para calcular relacionamentos.

Isto, sei-o bem eu, não é fácil de entender em nosso presente estado de iluminação, mas voltaremos ao assunto.

France Musicale, **23 de Outubro de 1842**

COMPLEMENTO
AO
CAPÍTULO II

ADENDO A

    Antes de mais nada devo responder ao leitor que está tentado a interromper-me, dizendo que se, como eu proponho, os efeitos morais da música dependem do conhecimento de seus princípios, esses efeitos seriam muito reduzidos, já que eu disse que as massas os ignoravam.

    Essa objeção só convence aos adeptos da opinião moderna, que projetam nossos costumes e moral nas nações antigas. Em nossos dias a multidão arvorou-se juiz das belas-artes. Artesãos, simples trabalhadores, assalariados, gente sem gosto nem inteligência, enchem nossos teatros e decidem o destino da música. Por longo tempo uma revolução,[17] desastrosa para a iluminação e o desenvolvimento do gênio, deu poder às massas, e contou as vozes em vez de pesá-las.

    O choro confuso de um povo em tumulto, seus gemidos ou seus murmúrios, tornou-se a regra da beleza. Não há um vendedor, um aprendiz de funileiro, um arrogante estudante, que, seguindo a opinião de Boileau[18], não se ache competente para pronunciar-se sobre as criações dos gênios, e que, julgando a música pelo prazer que lhe concede, não eleva suas desordenadas sensações a parâmetro de perfeição nessa arte.

    Não há um único músico, seja de orquestra ou de coreto, que, consultando um ouvido guiado apenas pelo hábito e pela rotina, não se presuma um juiz infalível, não apenas de escalas e tons, mas até dos números e da justeza dos intervalos admissíveis nessas escalas.

    Essa anarquia não existia nos tempos distantes em que a música, forte na simplicidade e imutabilidade de seus princípios, produziu as grandes maravilhas. Essa ciência era considerada tão importante na China

---

[17] Olivet certamente refere-se à Revolução Francesa, de 1789. Não é a última opinião aristocrática que emite.

[18] "Un clerc pour quinze sols, sans craindre le holà,/ Peut aller au parterre attaquer Attila." (N. do A.)

que o governo reservou para si sua direção exclusiva e prescreveu suas regras por decreto geral.

Este decreto fixava a nota fundamental *Kung*, e as dimensões do diapasão que a dava, gravando-os nos monumentos públicos e servindo como padrão universal de medida. Cada fundador de dinastia teve o cuidado de criar uma nova música para conferir um novo caráter a seu império.

Lemos nos *Li Chi*, um dos livros canônicos Chineses, que a música do Imperdor Yao era doce e aprazível; a de Chun fazia alusão às virtudes da de Yao, que tentava imitar; a de Hsia era grande, nobre e majestosa; a de Shang e Chou expressava virtudes masculinas, corajosa e ativa. Já vimos que no Egito as leis que controlavam a música eram expostas nos templos. Platão, que preservou para nós a memória dessa admirável instituição, tirando disso a prova de que é possível determinar através de regras quais sons são belos por natureza, e ordenar de forma confiável que sejam obedecidas. Alguns séculos antes de Platão, Pitágoras, imbuído das doutrinas Egípcias, recomenda que seus discípulos rejeitem o julgamento dos ouvidos, porque passíveis de erros e de variações em matéria de princípios harmônicos. Ele queria que esses princípios imutáveis fossem regulados apenas pela análoga e proporcional harmonia dos números.

Foi por causa dessas idéias, e do cuidado que os legisladores tiveram em manter a pureza da música, que muitas das canções foram chamadas *nomes*, ou seja, leis ou modelos. Platão, que enumera as diferentes espécies em hinos, ..., ... e ditirambos, não hesita em dizer que a corrupção dos Atenienses data do tempo em que abandonaram essas antigas leis musicais; pois já nesse tempo as massas agitavam-se violentamente para ter para si o julgamento da música, e a audiência dos teatros, até então silenciosa, erguia sua voz para decidir o mérito das composições: o que fez Platão dizer que o governo de Atenas mudava de aristocracia para teatrocracia.

Os poetas e músicos, mal educados para a verdadeira meta dessa ciência que é menos de lisonjear as paixões humanas que de temperá-las, deram azo a essa desordem por quererem mudar certas regras que os estorvavam em seus obstinados desejos; mas a punição depressa seguiu-se a seus erros, porque, longe de libertá-los como acreditavam, tornaram-se os últimos dos escravos, por submeterem-se aos caprichos de um mestre tão volúvel como é o povo.

Aristóteles, quase sempre opondo-se a Platão, não ousou discordar dele nesse ponto, sabendo bem que a música, uma vez independente e obstinada em ganhar o aplauso das massas, perdia suas grandes belezas. Mas essa desfaçatez, severamente condenada pelos filósofos, atacada pelos comediantes, e refreada pelos homens de lei, era apenas um desvio dos princípios. As pretensões do povo com respeito às belas-artes, longe de estarem baseadas, como hoje em dia, em direitos reconhecidos, eram apenas uma usurpação causada nos últimos séculos da Grécia pela debilidade dos artistas, dos quais alguns, desde que dotados de gênio, ainda se salvavam. Sabemos, por exemplo, que quando os Atenienses quiseram tratar Eurípides como haviam tratado muitos outros, forçando-o a mudar algo em suas peças para satisfazer seus gostos, o poeta apareceu no teatro e disse aos espectadores: "Não escrevo minhas peças para aprender convosco, mas, ao contrário, para que vós aprendais comigo." É sempre bom lembrar que, no mesmo momento em que os Atenienses esqueceram suas antigas leis musicais e aplaudiram o sotaque efeminado dos Jônios que, curvados sob o jugo dos Persas, consolavam-se pela perda de sua liberdade abandonando-se à licenciosidade, eles (os Atenienses) foram derrotados em Aegos-Pótamos pelos Espartanos, cujos éforos, rígidos observadores dos antigos costumes, ordenaram ao famoso Timóteo que cortasse quatro das cordas de sua lira, acusando-o de ter insultado a majestade da Música e tentado corromper a juventude de Esparta com suas perigosas inovações.

Era sem dúvida esse acontecimento que Platão tinha em mente quando, como eu já disse, datou a corrupção de Atenas a partir do período em que sua música se tornou decadente. Quando foram vitoriosos em Maratona, ainda respeitavam as antigas leis e, como os demais povos da Grécia, velavam cuidadosamente pela imutabilidade dessa ciência; a ninguém era permitido alterar seus princípios, e os modos, uma vez definidos, não mais variavam; os assovios, o confuso rugido da malta, os apupos e aplausos não eram, dizia Platão, a regra que decidia quando essa ordem tinha sido bem ou mal observada.

Nem o poeta nem o músico tinham algo a temer ou a esperar disso. Havia nos teatros gente adepta do conhecimento musical que ouvia em silêncio até o fim e que, segurando um galho de louro como símbolo de sua dignidade, pronunciava-se sobre os trabalhos submetidos à competição e mantinha tudo em ordem e bem-estar; assim os Atenienses sabiam que, se se julgasse a música pelo prazer que ela proporciona, a apreciação desse prazer não era concedida ao primeiro que aparecesse, mas sim aos que estivessem melhor instruídos nos princípios da ciência, e prioritariamente a um único homem que se distinguisse sobre todos por sua virtude e sabedoria.

Então, voltando ao assunto após esta longa digressão, nos tempos em que a música exercia seu maior poder quer na Grécia, Egito ou China, as massas, longe de arvorarem-se em juízes dela, recebiam-na respeitosamente das mãos de seus líderes, reverenciando suas leis como o trabalho de seus ancestrais, e amando-as como o produto de sua terra natal e presente de seus deuses; ignoravam seus princípios constitutivos, confiados aos sacerdotes e conhecidos apenas pelos iniciados, mas esses princípios atuavam neles inconsciente e instintivamente, do mesmo modo que os da política ou da religião.

Certamente não foi o Ateniense mais dotado de razão sobre a constituição da República quem mais a amou e quem pôde melhor defendê-la, pois Demóstenes foi o primeiro a fugir e lançar fora seu escudo na batalha de Cheironea.[19] Não era o conhecedor dos detalhes dos dogmas divinos quem mais respeitava a Divindade, pois não foi Anito quem fez com que Sócrates morresse pela cicuta?[20]

Em todos os países do mundo, as massas foram feitas para sentir e agir, não para julgar e saber; seus superiores de toda ordem devem julgar e saber por elas, e não permitir-lhes nada que os fira, mesmo que isso a princípio possa parecer prazeroso. Facilmente levadas e próprias para serem guiadas, é da decisão de seus superiores que as massas recebem suas boas ou más emoções, sua direção no rumo do bem ou do mal.

Os antigos legisladores, que sabiam dessas coisas e entendiam a influência que a música pode ter, fizeram uso dela, como já disse, com arte admirável, uma arte cheia de sabedoria, mas tão desconhecida hoje que é tida como uma fantasia para ser relegada à terra das quimeras.

---

[19] É o que alega Aeschines, seu oponente, em *De Corona*, 65, 13 Neglis.
[20] Anito e Meleto, acusadores de Sócrates, pediram para ele a pena de morte pelo crime de "corromper a juventude de Atenas por ensiná-los a acreditar não nos deuses em que a cidade acredita, mas em outras novas divindades". Platão, *Apologia de Sócrates*.

De qualquer modo, essa arte não era tão dificultosa que não possa ser posta em uso por quem puder resgatar a ciência musical da estranha degradação em que caiu. Noutra ocasião investigarei os meios que temos para restaurar parte desse brilho.

France Musicale, **30 de Outubro de 1842**

CAPÍTULO III

POR QUE OS PRINCÍPIOS DA MÚSICA PERMANECERAM DESCONHECIDOS; VICISSITUDES DESSA CIÊNCIA; ORIGEM DO SISTEMA MODERNO

Se os sábios egípcios e, seguindo seu exemplo, aqueles que foram instruídos por eles ocultaram com tanto cuidado os princípios das ciências, e se eles as revelaram apenas aos iniciados no segredo dos santuários, não se deve pensar que isso se deva à obscuridade desses princípios, ou à dificuldade de se entendê-los: isso é um erro. Muitos desses princípios, e os da música em particular, eram extremamente simples.

Mas essa simplicidade era uma perigosa cilada, que esses homens prudentes queriam evitar. Eles sabiam que nada ganha o respeito das massas, exceto aquilo que as espanta ou intimida, o que está acima de sua compreensão, além de suas forças, ou velado em misteriosa escuridão. Algo que é facilmente comunicado, que brilha com clareza e simplicidade, algo que todo mundo, ao ver e possuir pela primeira vez, crê que sempre viu e possuiu, é rebaixado a seus olhos, e elas o desprezam. Deve-se cuidar para que a verdade não seja entregue a esse desdém. As massas amam o erro precisamente por causa do trabalho que ele lhes dá para criá-lo e entendê-lo. Apropriam-se dele pelo trabalho duro, e é por isso que se apegam a ele; criam um sentimento de egoísmo por seu trabalho, pois o erro é o trabalho do homem; e como é diverso por sua própria essência, cada homem tem o seu próprio erro; ao passo que a verdade, que emana da Unidade, é comum a todos, e é a mesma para todos.

Não se pode imaginar quantos esforços inúteis e negativos os homens empreenderam para redescobrir os princípios esquecidos da música desde a extinção das luzes e o fechamento dos antigos santuários; quantos sistemas opostos surgiram, incoerentes, e caíram por sua vez. Seria preciso ler tudo que se escreveu sobre esse assunto, desde Cassiodoro e Boécio até nosso tempo, para se ter uma idéia clara disso.

O judicioso Tartini, depois de ter feito um valioso estudo desses trabalhos, afirma que não encontrou nada que o esclarecesse nem na progressão diatônica, da qual ele presume, corretamente, que os Antigos deliberadamente ocultaram o princípio constitutivo. "É mais do que certo", diz ele, "que a falta de um perfeito conhecimento do gênero diatônico sempre impediu e sempre impedirá os estudantes de chegar à fonte da harmonia..."

Aqueles que acham que esse conhecimento consiste meramente no estudo da escala musical estão errados; mas seu erro é involuntário, pois como pode alguém penetrar o raciocínio dessa escala? Certamente não por meio dos livros dos *experts*. Não há um único que trate solidamente esse raciocínio primordial, nem mesmo entre aqueles que chegaram a nós dos Gregos.

É verdade que Pitágoras e Platão permitiram-nos relancear o exterior, revelando o que julgaram necessário para o desenvolvimento da harmonia, que eles consideram a lei imutável do Universo; mas ao mesmo tempo tiveram um cuidado ciumento em velar seus princípios internos, dos quais resolveram fazer mistério. Os últimos escritores Gregos, como Dídimo, Aristoxeno ou Ptolomeu, contentaram-se por sua vez em lançar alguma luz nas coisas externas que os primeiros filósofos revelaram e ofereceram para sua discussão, sem sequer se aproximar dos princípios que não estavam à sua disposição.

Roussier, o único de todos os escritores modernos que se aproximou desses princípios, atribui apenas à sorte sua descoberta, já que nada do que foi escrito nos tempos recentes poderia levá-lo nessa direção. Mais à frente explicarei como esse destacado teórico, graças à sua falta de método, sua pressa e seus preconceitos, foi impedido de colher do seu trabalho os frutos que esperava, e por que um princípio tão precioso quanto o que descobriu permaneceu infrutífero em suas mãos. Mas antes devo antecipar uma dificuldade que pode surgir na mente do leitor atento, explicando-lhe a razão por que, de tantos iniciados que devem ter conhecido os princípios das ciências em geral e da música em particular, nenhum esteve tentado a divulgá-los.

Os fundadores dos Mistérios, imbuídos dos princípios que expliquei, e querendo imitar a Divindade, que se revela aos nossos sentidos mas gosta de ocultar os segredos na Natureza, polvilharam de dificuldades o caminho da iniciação, envolvendo-se nos véus da alegoria, e falando apenas com vozes simbólicas, no intuito de aguçar a curiosidade dos homens, instigá-los a investigar, e testar sua constância em face dos inumeráveis julgamentos a que os submetem.

Os que atingiram os últimos graus da inciação prometeram nunca trair os segredos a eles confiados, e prestaram os mais formidáveis juramentos nos altares de Ceres ou Ísis. Não lhes era permitido escrevê-los, e só podiam falar deles a outros iniciados. A pena de morte era prevista tanto para o perjuro que ousasse violar seus juramentos quanto para o não-iniciado que indiscretamente tentasse profanar os Mistérios.

A opinião pública era tão forte nesse sentido que o criminoso, quem quer que fosse, não encontrava abrigo, e todos o evitavam com horror. O poeta Ésquilo, suspeito de haver revelado no palco um assunto dos Mistérios, só conseguiu escapar da ira do povo e eximir-se do crime de que era acusado provando que nunca tinha sido um iniciado. A cabeça de Diágoras estava a prêmio pela mesma razão. Andocides e Alcibíades foram acusados, e correram o risco de perder suas vidas. O próprio Aristóteles só escapou por pouco das perseguições do hierofante Eurimedon.

Finalmente, Filolau correu um grande risco, e Aristarco de Samos foi intimado a comparecer perante a lei — o primeiro por haver dito, e o segundo por haver escrito, que a Terra não é o centro do Universo, divulgando uma verdade que Pitágoras ensinava apenas sob o véu dos símbolos.

Assim, aqueles iniciados, a quem a santidade dos juramentos não era forte o bastante para conter, eram impedidos de falar pelo medo das punições; e como tudo o que se referia a esses princípios era oral e tradicional, dependia-se inteiramente do hierofante, sólido depositário das tradições antigas, para dosar suas revelações à capacidade conhecida dos iniciados.

Assim foi feito, tanto que os mistérios preservaram sua pureza original, e o próprio hierofante era digno de recebê-los e preservá-los; mas tão logo a corrupção da moral pública corrompeu as leis, tão logo o santuário não esteve a salvo de invasões e o próprio hierofante deixou de ser o mais virtuoso dos homens, então, recebendo a tradição sem apreciá-la ou compreendê-la, esta foi alterada em sua simplicidade e forçada a adaptar-se a falsas idéias. A iniciação, degenerando imperceptivelmente, tornou-se nada mais que uma cerimônia vazia. Os sacerdotes de Ceres, como os de Ísis ou Cibele, caindo na desonra, graças a suas ridículas farsas e escândalos morais, tornaram-se piada do populacho.

O segredo dos Mistérios desapareceu junto com a virtude, que tinha sido seu fluido vital. Imperadores com Cômodo, Caracala ou Domiciano, tentando reanimar esse cadáver, aderiram à sua corrupção, e os Mistérios, agora profundamente degenerados, não eram mais que escolas de deboche, enquanto que em Roma a virtuosa Ísis tinha, em vez de santuário, um bordel, conhecido como Jardim da Deusa.

Poucos homens privilegiados em meio a esse caos compreenderam um resto da verdade flutuando na massa de erros, e ousaram apresentá-lo. Não foram compreendidos ou, empurrados pelo buraco do ridículo, caíram vítimas de arrogante ignorância.

As opiniões e preconceitos do povo transformaram-se em ciência, e os que tinham talento usaram-nos apenas para dar a essas ilusões alguma consistência, decorando-os com uma semelhança de razão. Foi assim que Ptolomeu, no segundo século da era Cristã, depois de haver reduzido as noções populares sobre os movimentos dos corpos celestiais através dos cálculos, também tentou dar uma base aos erros musicais de seu tempo.[21] Foi guiado na primeira empreitada por Eudóxio; na segunda por Dídimo e Aristoxeno.

Esse Aristoxeno, discípulo de Aristóteles e conseqüentemente inimigo de Platão, escreveu seu livro com o único objetivo de atacar a doutrina especulativa, opondo o físico ao moral, o sensível ao intelectual, e assim favorecendo o Liceu em detrimento da Academia.[22] Ele sustentava, contra a opinião de Pitágoras, que cabia apenas ao ouvido julgar a correção dos tons musicais. Pode-se ver, a partir do que conta Cícero, a que grau ele corrompe as idéias de Platão aparentando explicá-las. Diz que apenas quando a melodia está no instrumento, são as relações dos acordes que fazem a harmonia, então todas as partes do corpo são dispostas de tal forma que, das relações que umas mantêm com outras, surge a alma.

Essa é a idéia que Cabanis[23] tão eloqüentemente desenvolveu ao apresentar, como Aristoxeno, a alma como uma faculdade do corpo. Dos 453 volumes que Aristoxeno escreveu, apenas um chegou até nós: aquele sobre música que Meibom traduziu.[24]

France Musicale, 1 de Janeiro de 1843

---

[21] Além de formular nos seus trabalhos astronômicos o sistema geocêntrico que leva seu nome, Ptolomeu escreveu as *Harmonias*, fonte do sistema tonal mais citado como alternativa ao de Pitágoras.

[22] O autor refere-se ao Liceu de Aristóteles e à Academia de Platão, das quais tiraram seus nomes os nossos modernos Liceus e Academias (N. do T.)

[23] P. J. G. Cabanis, fisiologista e autor dos *Rapports du Physique et du Moral de L'Homme*.

[24] *Elementa Harmonica*. Marcus Meibom tornou-o disponível em latim em seus *Antiquae Musicae Auctores Septem Graecae et Latinae* (Amsterdam, 1652). A citação de 453 volumes de Aristoxeno vem do *Lexicon* de Suidas.

COMPLEMENTOS
AO
CAPÍTULO III

ADENDO A

Teon de Smirna[25], aluno de Platão, escreveu para defender a doutrina de seu mestre; já que era indubitavelmente um iniciado, e portanto impedido de falar livremente dos princípios, suas comparações e expressões obscuras não puderam impedir a rápida ascensão do sistema de Aristoxeno, que parecia mais claro e intimamente conectado à física de Aristóteles, cuja fama começava a crescer.

Além disso, mentes fortemente inclinadas ao materialismo oferecem às coisas físicas uma estabilidade que os metafísicos não conseguem nelas enxergar. Assim, duas seitas rivais surgiram: a dos Pitagóricos, que queriam que os intervalos musicais fossem fixados em acordo com certas proporções autênticas cujos princípios não podiam revelar; e a dos Aristoxênicos, que defendiam o julgamento dos ouvidos para fixar esses mesmos intervalos, cujas proporções eles indicavam através do cálculo ou da experiência.

Não há dúvida de que essas duas seitas contendoras produziram uma multidão de livros polêmicos, de cujas vãs discussões o tempo nos poupou. Sabemos apenas que Damon (o professor de Sócrates), Analixas (rei de Messina), Aristófanes, o famoso Demócrito de Abdera, Antístenes (fundador dos Cínicos), Euclides, Diócles, Filolau, Timóteo, Melanípides, Luciano, Porfírio, Apuleio e muitos outros escreveram sobre música. Temos o tratado de Plutarco,[26] no qual se pode ver que, longe de resolver a questão, todas essas disputas serviram para confundi-la ainda mais. Do esquecimento dos princípios e da incerteza da experiência nasceram várias contradições.

Todos tinham seus próprios sistemas e afinações. Ptolomeu, que se encarregou de submeter essas opiniões discordantes a certas regras,

---
[25] Autor de *O Uso da Matemática para Entender Platão*.
[26] *De Musica*.

foi obrigado a admitir cinco sistemas diatônicos: o "diatônico suave", o "tônico", o "antigo", o "intenso" e o "igual".

Finalmente a crescente escuridão misturou-se à queda do Império Romano que, por um lado invadido por uma religião, pelo outro acuado pelas inesgotáveis hordas de bárbaros, despido de virtude e conseqüentemente incapaz de resistir a esse duplo assalto, cedeu aqui e ali, aos poucos, destroçou-se, e terminou por enterrar em seu colapso as pequenas luzes das ciências que tinham permanecido.

A música desapareceu. As hordas selvagens que varreram do mundo o Império eram constitucionalmente demasiado cruas e densas para gozar as belezas da melodia, e a religião que a Providência[27] preparou para eles, nascida na obscuridade e crescida entre as mais ignorantes classes do povo, não estava de forma alguma destinada a inspirar-lhes o amor às ciências.

Era sim uma marca imposta à sua barbárie, um fermento necessário para a futura renovação das luzes. Não vou relembrar aqui as horrendas cenas que os escritores contemporâneos traçaram dessas hordas devastadoras.

O historiador Procópio nos diz que o sentimento humanitário deteve sua pena, e que não queria transmitir à posteridade detalhes que a horrorizariam. Idácio, Isidoro, Victor de São Vito, Santo Agostinho procuraram em vão por expressões fortes o bastante para pintar os horrores de que foram infelizes testemunhas. Esses bárbaros não eram apenas ignorantes das artes, também as desprezavam. O termo "Romano" lhes sugeria tudo o que eram capazes de imaginar em baixeza e covardia, avareza e vício. Consideravam as ciências como as fontes da corrupção e depravação da alma. E os primeiros Cristãos tinham exatamente essas mesmas idéias.

Como concordam todos os historiadores, eram homens da mais baixa condição, sem letras nem educação. Condenavam todas as artes como perniciosas, e o comércio como iníquo. Um de seus mais celebrados escritores, Clemente de Alexandria, proscreveu tanto a música vocal quanto a instrumental, especialmente a de flauta. Assim as leis e o povo que a elas se submetia foram feitos um para o outro, e apenas a Providência poderia prever que desse terrível amálgama nasceria a sábia e

---

[27] Providência, ao lado da Vontade e do Destino, é um dos três poderes que presidem o universo de Fabre d'Olivet. Muitos escritores simplesmente chamariam-nos "Deus": isso procura levar todas as coisas a uma unidade.

iluminada nação que hoje domina a Europa, e de cujo seio as ciências sairiam mais brilhantes do que nunca.

Plutarco conta que um rei dos Cítios, chamado Ateas, tendo ouvido um renomado flautista, disse que preferia ouvir os relinchos de seus cavalos. Sabemos por infinitas testemunhas que esses povos tinham tal aversão pelas ciências e pelos livros que delas tratam que destruíamnos sempre que podiam. Rapina e fogo seguiam em sua trilha. Esse espírito de fúria e destruição foi ainda mais acalentado por uma religião intolerante.

Quase três séculos após sua mais violenta invasão, num tempo em que deveriam estar já assentes e pacíficos, o Papa Gregório fez com que destruíssem todos os mais belos monumentos de Roma, e queimassem todos os livros em que puseram as mãos. É a esse papa que devemos os primeiros elementos da música moderna, e o canto chamado Gregoriano (em homenagem ao seu nome). Nossa melodia ainda é dominada por esse canto, e nossa harmonia nasceu dele. São Gregório, inimigo implacável de tudo o que veio dos Gregos e dos Romanos, que ele achava inspirados pelo Demônio, distanciou-se o quanto pôde de seu sistema musical, e substituiu o antigo tetracorde pelo heptacorde; ou seja, em lugar das quatro notas que Pitágoras definiu como limites do modo, esse papa usava sete, ordenando que se fizesse soar sete tons sucessivos em vez de quatro, não dando nenhuma razão para essa mudança, nem baseando sua escala musical em nenhum princípio sólido.

A despeito do seu poder e das exortações do Venerável Bede, que compara os que cantam sem saber o que fazem a bestas ferozes, a música Gregoriana passou muito tempo desconhecida nas duas Gálias; os povos bárbaros que ocupavam essas terras tinham pouco gosto, pouca flexibilidade em seus órgãos vocais, para perceber o charme da música ou para tentar aprender essa arte. Sua língua burra, cheia de sons guturais, estava mais apta a imitar os ruídos dos sapos e patos que infestavam as terras onde nasceram, do que a doce melodia dos pássaros que respiravam o ar puro das montanhas do Sul.

Apesar dos esforços feitos sucessivamente na França por Pepino, Carlos Magno e Luís o Santo, por um longo tempo a música religiosa consistia apenas numa rouca e monótona salmodia, na qual Santo Ambrósio tentou, antes da reforma de Gregório, adicionar algumas frases dos cantos antigos, ruínas salvas da destruição. O Rei Alfredo também envidou inúteis esforços para introduzir o canto Gregoriano na Inglaterra.

A música esteve incapaz de emergir dessa letargia até que uma faísca de gênio tremulou na noite escura que cobria a Europa, e das alturas das montanhas da Aquitânia desceram os primeiros poetas e cantores modernos.

É aos Trovadores que devemos a renascença da música. Foram eles, como já citei num trabalho da minha juventude[28], que, surgindo por entre as sombras da ignorância e da superstição, interromperam a devastação.

Eles temperaram a rudeza dos costumes feudais, tiraram o povo de seu entorpecimento mortal, reanimaram seus espíritos, ensinaram-nos a pensar, e afinal fizeram nascer essa aurora de luz cujo dia benfazejo hoje brilha sobre todas as nações.

France Musicale, **8 de Janeiro de 1843**

ADENDO B

O reinado dos Trovadores durou quase trezentos anos, isto é, da metade do século onze até os começos do século quatorze.

Por volta dessa época, Guido d'Arezzo, tendo descoberto um novo método de notação e denominação das notas musicais, facilitou consideravelmente seu estudo. Contudo, não foi na corte daquele príncipe que é considerado o restaurador das letras na França que essa arte se desenvolveu de forma brilhante.[29]

Foi nessa época que a harmonia começou a tornar-se conhecida, e que surgiu aquilo que conhecemos como contraponto. Até então, a música estava restrita a um tipo de melodia que, para ser sincero, não era mais que uma mera salmodia cantada numa única parte, como se pode ver pelos manuscritos sobreviventes da coleção dos Contos de Champagne e Anjou.[30] Assim essa ciência, que foi completamente extinta com

---

[28] *Le Troubadour: Poésies occitaniques du XIIIe siècle*, em dois volumes (Paris, 1803/1804).
[29] A cronologia de Fabre d'Olivet é tão confusa que não se pode ter certeza se ele se refere a Carlos Magno (771-814) ou a Luís VII (1137-1180).
[30] Pode-se pensar que Fabre d'Olivet teve em mãos o "Manuscrit du Roi", preparado para ⌐ ⌐ os de Anjou em meados do século treze, que contém canções de Thibault de Champagne e outros. Contudo, este é provavelmente um de muitos exemplos — contei outros vinte — de aparen erudição emprestada de uma rica fonte secundária que Fabre não confessa: *Recherches Su l'Analogie de la Musique Avec les Arts qui ont Pour Object l'Imitation du Langage*, de Guillaume André Villoteau (2 volumes, Paris, 1807).

o Império, foi revivida mil anos depois quando a queda do Império do Oriente forçou os Gregos a abandonar sua terra natal, conquistada pelos turcos: pode-se ver como foi que os escritores Gregos e Latinos se reergueram de suas tumbas e vieram completar o que os Trovadores tinham com tanta felicidade iniciado. A Reforma de Lutero ao mesmo tempo deu uma salutar chacoalhada no espírito humano; a descoberta da América, a invenção da imprensa também marcam essa época memorável na história da humanidade.[31] Tudo contribuiu para o aumento da iluminação.

Enquanto isso, à medida que a música prática se aperfeiçoava e os artistas eram treinados na corte de Henrique II, e a famosa Catarina de Médicis reuniu os melhores músicos que a Itália tinha a oferecer, os sábios da época procuravam estabelecer a teoria dessa arte; leram Boécio e Guido d'Arezzo, às vezes indo tão longe quanto Ptolomeu, mas, perdidos na massa de distinções que esses escritores criaram, estiveram longe de compreender algo que os levasse aos princípios fundamentais.

Roussier, não obstante, afirma que um certo Lefèvre d'Etaples compôs, em meados do século XVI, um trabalho elementar no qual admitia as proporções de Pitágoras, como as encontrou descritas em Guido d'Arezzo e Boécio. Isso me parece mera hipótese, ainda mais porque tais autores estão longe de expressar-se claramente sobre esse assunto. Seja como for, esse trabalho, que talvez contenha certas verdades, permaneceu desconhecido, enquanto que aquele escrito logo depois por Zarlino conquistou sucesso geral e propagou os piores erros.[32]

Zarlino, a quem devemos os princípios teóricos sobre os quais se apóia nosso sistema moderno, era mestre de coro (**choirmaster = chantre?**) em São Marcos, Veneza. Pode-se negar que ele fosse um artista dotado ou um teórico erudito; mas tinha o gênio para seguir as conseqüências de uma verdade e a força para aferrar-se a elas.

Embora soubesse muito bem as legítimas proporções que os tons diatônicos, cromáticos e enarmônicos devem seguir, e admitisse que são aquelas dadas pela natureza e pela ciência, por Pitágoras e Platão, não obstante criou, após Ptolomeu, uma série de proporções erradas e falsas afinações, para, segundo o que diz, adequá-las aos progressos que o contraponto requer delas. De acordo com ele, portanto, não se pode fazer

---

[31] *As Noventa e Cinco Teses de Lutero*: 1517; Colombo na América: 1492; a Bíblia de Gutemberg: 1456.
[32] Gioseffo Zarlino, *Istitutioni Harmoniche* (Veneza, 1558).

harmonia sem violar os princípios harmônicos, nem formar acordes sem destoar a voz dos instrumentos. Estranhamente, Salinas,[33] o famoso escritor Espanhol que se opunha a Zarlino com algumas frívolas objeções, une-se a ele neste ponto e acha de boa fé que se pode abolir a precisão dos tons para formá-los em harmonia simultânea.

Vincenzo Galilei,[34] pai do famoso defensor do sistema de Copérnico, foi o único que ousou opor-se aos erros de Zarlino; mas não pôde impedi-los de ganhar rapidamente a Itália, e logo serem exportados para a Espanha, França e o resto da Europa.

Quase todos os autores italianos que escreveram sobre música, incluindo Martini,[35] adotaram as proporções erradas desse teórico, embora reconhecendo sua falsidade. O famoso Rameau[36] na França e Martini na Itália não tinham outra meta em seus sistemas divergentes senão dar fundamento a esses princípios, que acreditavam inseparáveis da harmonia. Na Alemanha, Euler[37] seguiu-os em seus escritos sobre música; e os celebrados Descartes, Kircher, d'Alembert, J. J. Rousseau, e muitos outros cujos nomes não ombreiam com esses, basearam seus cálculos nesses dados.

Assim estão aqui os elementos do nosso sistema moderno, de acordo com a teoria de Zarlino, como é geralmente adotada: das sete notas diatônicas, Dó, Ré, Mi, Fá, Sol, Lá, Si, três estão no tom: Dó, Fá e Sol; uma, Ré, está ou não no tom, dependendo de se a consideramos como a quinta de Sol ou sexta de Fá; e três estão completamente fora do tom: Mi, Lá e Si.

Essas sete notas diatônicas deram quatorze cromáticas, porque cada uma pode ser alterada por um sustenido ou um bemol. Agora essas quatorze notas cromáticas estão todas fora do tom, sem exceção. Para os tons enarmônicos, não existem.

Pode-se notar pelo exposto, cujas provas podiam ser encontradas apenas no trabalho de Roussier antes que eu mesmo as desse, que as vozes, forçadas por certos instrumentos (especialmente aqueles que se

---

[33] Francisco de Salinas, autor do *De Musica* (Salamanca, 1577).
[34] Autor do *Dialogo Della Musica Antica e Della Moderna* (Veneza, 1581).
[35] G. B. "Padre" Martini, autor da *Storia Della Musica*, 3 vols. (Bolonha, 1757-81), que trata apenas da música antiga.
[36] J. P. Rameau, autor do *Traité d'Harmonie* (Paris, 1726) e de muitos outros trabalhos teóricos.
[37] Leonard Euler, matemático e autor de *Tentamen Novae Theoriae Musicae* (São Petersburgo, 1739).

encadeiam na música, como piano, harpsicórdio, harpa e violão) a seguir falsas entonações, forçam os outros instrumentos que as acompanham a tocar as mesmas notas, por temor de saírem fora do tom; e o resultado disso é que nosso gênero diatônico é parte verdadeiro e parte falso, nosso gênero cromático é totalmente falso, e que não temos afinal nenhum gênero enarmônico.

Pode-se admitir que se, como Zarlino, Salinas e Martini afirmam, e Rameau acredita, só teremos harmonia se seguirmos um tal sistema, nossa harmonia nem sequer merece esse nome, e se faria melhor se se adotasse seu nome Gótico, contraponto; deve-se também admitir que nossos executantes não têm motivo para espantar-se de a música moderna não produzir os milagres da música antiga, porque ousaram fugir dos verdadeiros princípios da Natureza e corromper a sensibilidade do ouvido, ao ponto de acostumar esse órgão a aceitar três em sete notas diatônicas fora do tom, a nunca ouvir uma simples nota cromática no tom, e à total ignorância do encantamento do gênero enarmônico.

Se os Gregos tivessem tido um sistema musical como o nosso, eu também não entenderia de que maravilhas afinal poderiam falar, pois veria uma palpável contradição entre a debilidade da causa e a força do efeito. Mas tenho certeza de que a parte elementar e física desse sistema, unida à parte moral e intelectual, compartilhou sua retidão, e que ambas agindo juntas sobre a mente e os sentidos redobraram suas respectivas impressões por sua ação conjunta.

É verdade que a extrema acuração que o ouvido, acostumado a esse padrão, requer das notas, faz a execução instrumental muito difícil, e permite poucas daquelas passagens brilhantes, aqueles *tours de force* em que os nossos executantes apõem seus méritos; mas como já dizia um antigo, citado por Ateneu, não é na altura das notas nem na rapidez da execução que reside a excelência da arte, mas sim na energética e rápida maneira com que as notas alcançam o fundo do ouvinte.[38]

France Musicale, **15 de janeiro de 1843**

---

[38] O flautista Cafísias, citado em *Deipnosophistae*, XIV, XXVI, 629. Uma tradução literal é simples: "Excelência não é Grandeza, mas Grandeza é tocar bem".

CAPÍTULO IV

A ORIGEM DA MÚSICA

Autores modernos que escreveram sobre a música, inconscientemente imbuídos de preconceitos acadêmicos e esquecendo (ou nunca tendo sabido) que o curso da história nem sempre correu como corre hoje, determinaram o berço da música, de acordo com esses preconceitos, entre os Hebreus, os Egípcios, os Fenícios, ou mesmo os Gregos, dando como inventores da arte Jubal, Osíris, Hermes, Olen, Apolo ou Mercúrio.

Todos esses povos, exceto os Egípcios, são muito recentes em comparação com o mundo, onde a música floresceu muito antes que existissem; e todas essas personagens nomeadas como inventores não eram homens, como se pode facilmente notar, mas sim seres metafísicos de natureza ininteligível, de quem esses povos tiraram as mais ou menos elevadas idéias que formavam da arte musical.

Basta apenas abrir e consultar os anais de qualquer nação antiga, e nela se verá, sem exceção, que a música, concedida ao homem como favor divino, foi trazida do Céu para a Terra por algum Deus ou ser sobrenatural. Na Índia é Brama, ou, o que dá no mesmo, Sarasvati, sua força criativa, quem deu os princípios dessa ciência admirável; e é Ishvara, uma das pessoas da Trindade Indiana,[39] quem fundou o primeiro sistema musical. Na China é Fu-Hsi e sua filha, irmã ou esposa Nü-Hwa, quem armou os elementos da música, subseqüentemente desenvolvidos por Huang-Ti.[40]

---

[39] Ishvara é na verdade o nome do aspecto pessoal da Divindade no Hinduísmo; a "Trindade" é formada pelos princípios impessoais Brama, Vishnu e Shiva. O conhecimento de Fabre d'Olivet da música Hindu baseia-se nas publicações de Sir William Jones em *Asiatic Researches*, incluindo *On The Musical Modes of the Hindus*, publicado separadamente em 1784, que menciona Brama e Sarasvati nos mesmos termos que encontramos aqui.

[40] Fu-Hsi (originalmente conhecido na Europa como Fo-Hi) e Nü-Hwa são seres míticos, freqüentemente mostrados com rabos de serpente e segurando um quadrado e um compasso. Huang-Ti é o famoso "Imperador Amarelo", que supostamente reinou no século vinte e sete a. C.

Os Caldeus attribuíam as mesmas coisas a seu Deus supremo Belus e a seu primeiro legislador, Oannes. Os Egípcios atribuem-nos a Ísis e Osíris, e os Trácios, ensinados pelos Fenícios, nomeiam Olen em lugar de Belus; os Gregos, Apolo ou Hermes (Mercúrio); os Celtas, Bellen, o mesmo que Apolo; e finalmente os Escandinavos, nos mais setentrionais limites da Europa, dizem do seu Odin ou Votã o mesmo que os outros povos dizem de seus deuses.

Certos autores cristãos opuseram a esse consenso geral das mais antigas nações civilizadas um texto que eles criam que fazia parte do Séfer de Moisés, o livro sagrado dos Hebreus, onde se diz (de acordo com a versão de São Jerônimo) que um filho de Lamech com sua primeira esposa, Kedah, chamado Jubal, foi o pai dos que tocam harpa e órgão.[41]

Seria impossível fazer uma tradução pior do texto Hebraico. Mas não foi tanto culpa de São Jerônimo quanto dos Judeus helenizados cuja ilusória tradução foi obrigado a seguir palavra por palavra. Essa tradução, comumente chamada Septuaginto, conseguiu tantos favores junto aos principais doutores da Igreja Cristã que estes a consideraram divina, e preferível ao original. Não permitiriam a ninguém divergir dela muito ostensivamente; e mesmo assim, por todo seu cuidado em segui-la nos pontos mais importantes, São Jerônimo encontrou grande dificuldade em ter sua tradução latina aceita, e viu-se à beira da perseguição por conta de algumas pequenas mudanças que achou necessário fazer nos lugares mais chocantes.

Este não é o lugar para examinar por que os Judeus helenizados corresponderam tão mal à comissão que receberam do Rei Ptolomeu do Egito, apresentando-lhe em mau Grego mais um travestismo que uma tradução do Séfer. É suficiente dizer que suas consciências, limitadas por uma lei divina e pelo mais solene juramento, impediam-nos de comunicar suas Escrituras sagradas aos profanos.

É preciso ainda que se diga que, na passagem em questão, o sentido apresentado pelo Septuaginto é ainda pior que o original da Vulgata, porque Jubal lá é dado não apenas como pai dos cantores, mas também dos tocadores de saltério e guitarra. São Jerônimo, ao corrigir esses absurdos, seguiu a paráfrase dos Hebreus, mas essa paráfrase estava longe de mostrar-lhe a verdade.

---

[41] Gênesis 4:19-21.

Já que esse texto tem pouca importância, creio que devo dar aqui sua forma integral. O leitor vai certamente me perdoar pelas provas que não poderei apresentar sem ir muito além dos limites de uma simples digressão. Eis a exata tradução do texto original:

E o nome do irmão (de Jabal) era Jubal, ele que foi o pai (o princípio gerador) de toda concepção luminosa e amável. (Ou seja, das ciências em geral, bem como das belas artes.)

Pode-se já ver uma grande diferença entre a minha tradução e as duas versões que citei, porque dizer que um ser é o princípio gerador das ciências e das belas artes em geral é muito diferente de dizer que ele é o pai dos cantores e tocadores de saltério, guitarra ou órgão.

Mas isso ainda não seria nada se não se pudesse inferir uma outra diferença notável. Essa diferença essencial opõe-se ao fato de tanto no Septuaginto quanto na versão de São Jerônimo o princípio gerador das ciências e das belas artes (ou, se se preferir a versão literal, o pai de toda concepção luminosa e amável), Jubal, é representado como um homem, filho de pai e de mãe, existindo em carne e osso num certo país num certo tempo, e na verdade tocando ou cantando à guitarra; enquanto que ele é um ser universal metafísico, uma personagem cosmogônica, a cuja influência e inspiração se deve o desenvolvimento de todas essas brilhantes ciências em geral e, em particular, da música, entre todos os homens, em todos os tempos e em todas as nações.

Jubal não difere em nada de Anúbis, a quem se associa pela verdadeira raiz de seu nome, e estamos cientes de que Anúbis não é diferente de Thoth, de Hermes, de Mercúrio, considerados os criadores da eloqüência, poesia e música, e compartilhando essa prerrogativa com Osíris, Apolo e Olen. O pai que Moisés dá a Jubal não é mais humano que ele: é um ser da mesma espécie que Jubal, um ser metafísico que o precede na ordem das gerações cosmogônicas.

Pode-se dizer o mesmo do pai de Lameque e de todas as outras personagens que são nomeadas antes dele. Lendo-se atentamente as palavras que Moisés põe na boca de Lameque, mesmo na tradução da Vulgata, percebe-se depressa que essas palavras não se aplicam a nenhum ser humano. Pois que homem pode séria e orgulhosamente dizer que, tendo matado um varão por feri-lo e um mancebo por pisá-lo, sua morte deva ser vingada setenta vezes sete? Não faz sentido.

Esse erro, cujas conseqüências são da mais alta importância, se se quiser entender as ciências antigas, tem sua origem na ignorância de muitos dos eruditos Modernos do modo como os Antigos escreviam a história. Não guarda a menor semelhança com o nosso. Os Antigos consideravam as coisas no geral e em suas relações metafísicas. Anotamos datas e fatos com escrupulosa exatidão; seguimos passo a passo as vidas de indivíduos para os quais eles não davam importância.

Suas histórias, confiadas à memória humana ou preservadas nos arquivos sacerdotais dos templos em fragmentos separados de poesia, eram todas alegóricas; pessoas, indivíduos, não eram nada; viam apenas o espírito universal que as movia, personificando suas faculdades, opondo-as umas às outras, e descrevendo (**and set out to describe**) seus nascimentos, seus progressos e seus desenvolvimentos.

É na transformação dessas faculdades espirituais, ou, se se preferir, desses seres morais, em muitos indivíduos humanos, que caímos em tais contradições com respeito a Moisés, e desfiguramos a cosmogonia desse homem divino a ponto de torná-la irreconhecível.

Um dos piores disparates, depois que vimos que os homens lá eram seres morais, foi sem dúvida o de ver anos humanos onde havia revoluções morais. Conseqüentemente, não importa quão longas tenham sido as vidas atribuídas aos patriarcas, seu pequeno número compele-nos a atribuir à Terra uma origem extremamente recente. Isso nos coloca contra não apenas as tradições de outros povos, mas também contra os alinhamentos de eras que as poderosas mãos do tempo imprimiram sobre nosso globo.

A história natural aqui se ergue contra a história positiva. Mesmo se os anais dos Chineses não sustentassem os dos Hindus, dos Assírios e dos Egípcios, dos quais todos contam uma multidão de séculos antes da época em que os escribas Judeus situaram o começo do mundo, seria suficiente examinar sem tendenciosidade os antigos monumentos que a Terra ainda traz em sua superfície, tais como as Pirâmides e as Catacumbas de Tebas no Egito, os Templos de Mahabalipuram e as Cavernas de Elefanta na Índia; ou mesmo examinar como físicos as imensas ruínas que se escondem nas estupendas profundidades de suas entranhas, para nos convencermos de que os seis mil anos que os Judeus dão à antigüidade não são mais que um dia em seu longo período de existência.

France Musicale, **26 de Maio de 1850**

COMPLEMENTO
AO
CAPÍTULO IV

ADENDO A

A música, portanto, não deve ser considerada invenção de um único homem, pois nunca houve nem nunca haverá sobre a Terra homem capaz de inventar uma ciência. Nenhuma ciência é inventada. É um presente que o espírito humano[42] dá à humanidade por meio de uma de suas faculdades inspiracionais.

Qualquer ciência inspirada descende em princípio, envolta em seu germe espiritual, informe e frágil em seus primeiros elementos, mas contendo em si todos os seus desenvolvimentos em potencialidade. Os primeiros homens que a receberam tinham pouco ou nenhum conhecimento disso. Muitos deles nem sequer a perceberam, e morreram sem saber do tesouro que nutriam em seu âmago.

De outros, no entanto, ela emana uma tênue luz. Gerações sucederam-se enquanto ela se desenvolvia em silêncio, crescia e estendia-se no coração de uma nação. Então, uns poucos homens mais afortunadamente constituídos distinguiram-se e, por seu sucesso, despertaram a atenção de seus contemporâneos. Uma nova carreira começa.

Amor pela glória, pelas honrarias, pelas riquezas, de acordo com o tipo de ciência, inflama o coração e o serve como veículo. Uma nobre imitação impele mil rivais, excita-os a se ultrapassarem mutuamente e apressa, cada vez mais, seu progresso, originariamente tão vagaroso. Finalmente um homem de gênio aparece; seu foco de buscas abarca a ciência em sua inteireza; ele vê num instante o que ela foi, o que ela é, o que ela deveria ser. Toma posse dela e, unindo num único feixe seus muitos galhos, dá a eles uma nova forma.

Em seu poder de conquista ele força a inspiração divina, até então dispersa, a concentrar-se apenas nele e, refletindo-a como num ponto de foco único, eclipsa todos os que o precederam, instrui todos os que o

---

[42] Pinasseau aqui insere uma interrogação, talvez achando que "espírito divino" faça mais sentido.

sucederem e não deixa a seus sucessores outra esperança que a da imitação. Tal homem possui a inspiração primária, em qualquer gênero. Domina a ciência, mas nem a criou, nem a inventou. Mais que isso, quando ele próprio, ou os sábios entre as nações, escrevem sobre a ciência que ele glorificou, é sempre ao Ser Universal, ao próprio Deus ou a uma de suas faculdades, que atribuem sua criação ou invenção.

Tais eram as idéias dos Antigos. Pode-se também mencionar, em particular, no que se refere à música, que os Hindus, antes de falarem no sistema musical de Bharata, seu primeiro legislador, atribuem a origem da ciência a Brahma e à sua faculdade criativa Sarasvati, da mesma maneira como os Egípcios nomeiam Osíris ou Anúbis antes de Thoth; os Gregos, Apolo, Pan ou Hermes antes de Orfeu; e mesmo hoje os chineses posicionam, no mesmo contexto, Fu-Hsi e sua filha Nü-Hwa antes de Huang-Ti, a quem atribuem suas mais antigas leis musicais. É assim que os Cristãos Orientais, notadamente os Abissínios, Sírios e Armênios, ao nomearem vários santos como inventores da música, sempre atribuem a inspiração dessa ciência ao Espírito Santo.

Como determinar precisamente a data da aparição em cada raça do famoso homem que, abençoado por uma inspiração primária, moldou o destino da ciência ou lhe deu suas leis, seria muito difícil, especialmente no caso daqueles cuja época remonta a mais de três ou quatro milênios: com a possível exceção da China, onde cedo começaram a escrever aquilo a que chamamos de Anais, há escassos trinta séculos os homens começaram a escrever história positiva e cronológica, como fazemos hoje.

Antes dessa época a história era, como já disse, inteiramente alegórica, e os sacerdotes que a escreveram em verso não se preocuparam com indivíduos, exceto em relação ao espírito que os animava e usava como seres coletivos. No antigo Egito, por exemplo, onde todos os reis governaram sob o mesmo nome, escreveu-se a história do reinado, não a do rei. Cada dinastia era como um ser particular, com sua própria fisionomia.

Um músico ou poeta que escrevesse música ou poesia não poderia publicar sua obra sob outro nome que não Thoth; e é por isso que contavam, no tempo de Maneto,[43] mais de trinta e seis mil volumes que levavam esse nome sagrado. Hoje, quando meros compiladores marcam com seu nome cinco ou seis linhas de obras acadêmicas e literárias, mal

---

[43] Maneto: (terceiro século a.C.), autor de uma história Egípcia em Grego, nossa fonte principal sobre as primeiras dinastias.

se pode acreditar em tal auto-abnegação; mas tal era o costume naqueles tempos distantes.

Assim, seria uma grande perda de tempo tentar fixar a data da aparição de Thoth no Egito, ou de Bharata na Índia. Os sábios modernos que tentaram fazê-lo, incapazes de irem além dos estreitos limites em que a falha tradução do Séfer os aprisionou, caíram nos erros mais palpáveis. Mas essa tradução afinal não representa o texto, que, é claro, dá perfeita liberdade quanto a esse assunto. Se se quisesse saber a data aproximada dessa época, deve-se procurar no texto de Platão de que falei atrás, no qual esse filósofo afirma que o sistema musical que o sacerdócio Egípcio seguia em seu tempo datava de mais de dez mil anos; o que daria a esse sistema, e conseqüentemente a Thoth, como seu autor, uma antigüidade de mais de doze mil anos. Mas Bharata era muito mais antigo que Thoth, ao menos aquele Thoth que foi legislador dos Egípcios; por isso é muito possível que tenha existido, num período ainda mais remoto, um outro Thoth, pertencente a um mundo primitivo, que sob o nome de Boudh, Baoudh, ou Vaoudh, serviu como modelo de quase todos os legisladores do mundo atual. Mas este não é o lugar para se expor esta dificuldade histórica. Pertence à história geral da terra, e aqui devo me restringir ao que se refere à música.

Eu disse que o primeiro sistema musical atribuído pelos Hindus a Bharata[44] precedeu aquele que os Egípcios receberam de Thoth. Isso é provado pelos sagrados livros dos Brahmins, onde a anterioridade de *Bharatversh* sobre *Mestra-Stan*, ou seja, da Índia sobre o Egito, está firmemente estabelecida. Pode-se ler nesses livros que muitas emigrações sucessivas tiveram lugar entre Ásia e África, e que é principalmente do seio da Índia que o Egito recebeu seus primeiros colonos e leis. Os escritores Gregos e Latinos confirmam todas essas tradições ao dar o nome de Indianos aos habitantes da África próximo ao Egito, e, como o judicioso Fréret[45] nota corretamente, por confundir a Etiópia com a Índia, e o Nilo com o Ganges.

F.D.
France Musicale, **2 de Junho de 1850**

---

[44] O *Natya Shastra*, tratado sobre dança e música, considerado em sua versão presente como datado do segundo século d. C.

[45] Nicolas Fréret, 1688-1749, acadêmico e um dos primeiros estudantes Europeus da língua Chinesa. Fabre d'Olivet cita-o freqüentemente com respeito.

CAPÍTULO V

ETIMOLOGIA DA PALAVRA "MÚSICA". O NÚMERO CONSIDERADO COMO PRINCÍPIO MUSICAL

A palavra "música" nos veio do Grego *mousiké* através do Latim *musica*. É formada em grego pela palavra *mousa*, a Musa, que vem do Egípcio, e pelo final grego *iké*, derivado do Celta.

A palavra Egípcia *mas* ou *mous* na verdade significa geração, produção, ou desenvolvimento fora de um princípio; seria o mesmo que dizer manifestação formal ou a passagem a ação do que era apenas potencial. É composta da raiz *ash*, que caracteriza o princípio primordial, universal, e da raiz *ma*, que expressa tudo o que gera, desenvolve, ou se manifesta, cresce, ou toma uma forma exterior. *As* significa, em inumeráveis idiomas, a unidade, o ser único, Deus, e *ma* aplica-se a tudo que é fecundo, formativo, generativo: na verdade, significa "mãe".

Assim a palavra Grega *mousa* (Musa) foi aplicada desde sua origem a todo desenvolvimento a partir de um princípio, a toda esfera de atividade onde o espírito passa da potencialidade ao ato e se veste em forma sensível. Em sua aplicação mais limitada, é uma maneira de ser, como expressa a palavra Latina *mos*. O final *iké* (*-ique*) indica que uma coisa está relacionada com outra por semelhança, ou que é uma dependência ou emanação dela. Pode-se descobrir esse final em todas as línguas Norte-Européias, escrito *ich*, *ig*, [*ic*], ou *ick*. É relacionada à palavra Celta *aik*, que significa igual, e que vem da raiz Egípcia e Hebraica *ach*, símbolo de identidade, igualdade, fraternidade.

Se depois da etimologia que dei à palavra "música" alguém puder apreender o vasto sentido que os Egípcios davam à sua raiz, e que os próprios Gregos originalmente lhe atribuíram, esse alguém terá pouca dificuldade em entender os diferentes significados com que os últimos compreendiam suas Musas, e a influência universal que atribuíam à ciência que elas designavam particularmente. Verá facilmente por que consideravam todas as artes de imitação como cependências da música, pois que, seguindo o sentido dessa palavra, tudo o que serve para exteriorizar pensamentos, criar algo sensível de um estado intelectual, e fazê-lo passar de potência a ato por vesti-lo na forma apropriada — tudo isso lhe pertencia.

Os Egípcios parecem ter contado apenas três Musas: Melete, Mneme e Aoede,[46] ou seja, aquela que produz ou gera, aquela que conserva ou designa, e aquela que idealiza e torna compreensível. Os Gregos, aumentando seu número para nove, distinguiram seus atributos. Chamaram-nas filhas de Zeus e Mnemósine, ou seja, do ser eterno vivente e da faculdade memorativa, e nomearam-nas como segue: Clio, aquela que celebra; Melpômene, aquela que canta coisas dignas de memória; Tália, aquela que floresce, que busca a concórdia; Euterpe, aquela que dá prazer; Terpsícore, aquela que delicia na dança; Erato, aquela que ama; Calíope, aquela que fala de coisas maravilhosas; Urânia, aquela que contempla os paraísos; Polínia, aquela que explica as diferentes artes. As nove Musas elegeram seu líder Apolo, o gerador universal, e algumas vezes tomaram por guia Hércules, o senhor ou mestre do Universo.

Já que os Modernos há muito separaram a música da ciência musical em geral, seguirei seus usos nesse assunto e considerarei a música como aquela parte da ciência que, de modo a tornar sensíveis as concepções intelectuais do homem, usa no mundo exterior dois elementos constitutivos, som e tempo, tomando um como matéria e outro como regulador da forma que lhes dá por meio da arte. Mas o tom, como produção do corpo sonoro, é apenas audível ao ouvido humano através das vibrações que comunica ao ar, de acordo com certos cálculos baseados no número; adquire propriedades harmônicas e melódicas, ou seja, sobe e desce, vai do alto a baixo ou de baixo ao alto, apenas de acordo com certas proporções igualmente dependentes do número; e o ritmo musical pelo qual a duração de cada tom é controlada é medido no tempo apenas de acordo com certas leis de movimento que novamente dependem do número; conseqüentemente, pode-se encontrar o número em todo lugar inerente aos elementos da música, e evidentemente anterior e necessário a eles, já que não existem sem ele e não podem se mover exceto através dele.

---

[46] Nomes tirados de Pausânias, IX, XXIX, 2.

Agora, algo que é inerente, anterior, e sempre necessário a outra coisa, declara-se irresistivelmente o princípio desta última.

O número é assim o princípio da música, e com a ajuda de suas propriedades conhecidas podemos descobrir as propriedades do som e do tempo em relação com esta ciência. Deixando aos físicos e metafísicos aquilo que concerne à sua essência particular ou absoluta, tudo o que precisamos saber do tom em si mesmo é que é distinguível do ruído por certas medidas que são também nascidas do número, já que, como eu disse em outro trabalho,[47] ruídos são apenas a soma de uma multitude de diferentes sons tornando-se audíveis simultaneamente, e contradizendo-se reciprocamente em suas ondas; e os tons são distintos dos ruídos e tornam-se mais e mais harmoniosos em natureza em proporção ao corpo que os produz ser mais elástico, mais homogêneo, formado por uma substância cujo grau de pureza e coesão é mais perfeito e mais uniforme; então pode-se concluir que um corpo é mais ruidoso quanto mais dividido for em massas desiguais de solidez e textura, e mais sonoro quanto mais se aproximar da homogeneidade.

Das experiências citadas no trabalho em que fiz esta afirmação,[48] resulta que o ouvido humano está aberto primeiro ao ruído, e que passando insensivelmente do inarmônico ao harmônico, ou da diversidade à unidade, chega ao tom. Esse parece ser sempre o curso da Natureza. Unidade *absoluta* é sua meta; diversidade é seu ponto de partida; unidade relativa é seu meio de repouso. Os físicos que calcularam o número de vibrações cujos corpos sonoros fazem num certo tempo, afirmam que o som mais baixo que nossos ouvidos são capazes de captar é o de um corpo que vibra vinte vezes por segundo, e o mais alto é o de um corpo cuja taxa de vibração alcança quarenta mil no mesmo período.[49]

France Musicale, **5 de fevereiro de 1843**

---

[47] *Notions sur le sens de l'ouïe* (Paris, 1811; edição ampliada, Montpellier, 1819).
[48] Refere-se à cura do surdo-mudo Rodolphe Grivel, descrita em *Notions sur le sens de l'ouïe*. Essas observações são tiradas diretamente desse trabalho, edição de 1819, pp. 81 e posteriores.
[49] As mesmas figuras citadas, tendo Euler como fonte, na op. Cit,. P. 82.

CAPÍTULO VI

UM OLHAR SOBRE A MÚSICA SAGRADA

O número 12, formado pelo ternário e pelo quaternário, é o símbolo do Universo e a medida do tom. Ao expressar-me assim, falo simplesmente como intérprete dos antigos filósofos e dos modernos teósofos, e digo abertamente o que o Hierofante de Elêusis e Tebas confidenciava apenas a iniciados no recesso do santuário.

E o que é mais: não se trata de uma mera opinião mantida por um certo povo, num certo tempo, num certo país da Terra; é um dogma científico e sagrado aceito em todas as eras por todas as nações, desde o norte da Europa às mais orientais partes da Ásia. Pitágoras, Timeu de Lócris, Platão, ao dar o dodecaedro como símbolo do Universo,[50] estavam expondo as idéias dos Egípcios, dos Caldeus e dos Gregos. Esses povos há muito atribuíam o governo da Natureza a doze deuses principais.

Os Persas seguiram nesse assunto a doutrina dos Caldeus, e os Romanos adotaram a dos Gregos. Mesmo nas extremidades da Europa, os Escandinavos, ao admitir a divisão duodecimal, também contavam doze governantes do Universo, a quem chamavam Ases.

Quando Mani[51] quis tomar o controle da religião Cristã para alegorizá-la e dar um basta a suas formas ainda incertas, não errou ao aplicar o dodecaedro ao Universo, relembrando os supremos Governantes dos Antigos que representava, preenchendo a imensidão com uma harmonia celestial e espalhando flores e perfume eterno ante o Pai.

Não demorou muito até que um teósofo alemão, um sapateiro chamado Boehme, homem de gênio extraordinário mas falho em erudição e cultura intelectual, examinando nessas bases a Natureza elemental e o sistema do Universo, foi compelido por um instinto irresistível a tomar o número zodiacal como constituinte do regime do mundo.[52] E fez mais:

---

[50] *Timeu*, 55c; Timeu de Lócris, *Da Natureza do Mundo e da Alma*.
[51] Fundador do Maniqueísmo, no séc. III.
[52] É surpreendente que Fabre d'Olivet não cite Jakob Boehme no Setenário, que é muito mais importante para sua teosofia. Ele refere-se a Boehme em termos quase idênticos, citando da *Aurora*, em *Les Vers dorés de Pythagore*, p. 360.

viu nesse número o que não creio que alguém tenha visto desde a extinção dos Mistérios da Antigüidade: um duplo governo, celeste e terrestre; um espiritual, inteligível, e ascendente; o outro material, sensível, e descendente.

A instituição do Zodíaco deve-se à aplicação do número 12 à mais alta esfera. Essa instituição, de acordo com um acreditado astrônomo moderno,[53] não era desconhecida de nenhum dos povos do mundo.

Os templos antigos, considerados como imagens do Universo onde reina o Ser imutável a quem eram dedicados, todos tinham o mesmo número e a mesma divisão. Os arquitetos Peruanos tinham a esse respeito idéias nada diferentes dos Egípcios, Persas, Romanos, e mesmo dos Hebreus.

O número 12, aplicado assim ao Universo e a tudo que o representa, era sempre a manifestação harmônica dos princípios naturais 1 e 2, e o modo sob o qual tais elementos eram coordenados. Era também o símbolo da coordenação dos tons, e como tal aplicado à Lira de Hermes. Boécio fala dele em termos claros,[54] e Roussier interpretou suas opiniões muito bem.

Depois do número 12, produto da multiplicação do 3 e do 4, o número mais geralmente reverenciado era o 7, formado pela soma de 3 e 4. Era considerado nos santuários de Tebas e Elêusis como símbolo da Alma do Mundo estendendo-se no seio do Universo e dando-lhe vida. Macróbio, que nos transmitiu muitos mistérios antigos, fala que essa alma, distribuída entre as sete esferas do mundo que move e anima e das quais produz os tons harmônicos, era designada emblematicamente pelo número 7, ou figurativamente pela flauta de sete furos de Pã, o Deus do Universo.[55] Este número, reverenciado por todos os povos, era especialmente consagrado ao Deus da Luz.

O imperador Juliano fala enigmaticamente do deus com sete raios, cujo conhecimento não é dado a todos.[56] Os Brâmanes ensinavam, novamente, que o Sol é composto de sete raios; seus livros sagrados representam seu gênio, Surya, guiando uma carruagem atrelada a sete cavalos.

---

[53] Provavelmente J. S. Bailly, autor de *Histoire de l'astronomie ancienne* (Paris, 1775).
[54] Boécio, *De Institutione Musica*, I, 20.
[55] *Saturnalia*, I, 21-22.
[56] Juliano em sua *Oração ao Rei Sol* na verdade não menciona sete raios; entretanto, Thomas Taylor, em sua tradução da obra (Londres, 1793), prefacia-a com um poema seu no qual o Sol é referenciado como "Todo belo, *de sete raios*, deus supramundano!" (itálicos do autor).

Os antigos Egípcios, em vez de uma carruagem, imaginavam um barco guiado por sete gênios; e Marciano Capella, que age como seu intérprete, posiciona o deus Sol no meio desse barco, tendo em suas mãos sete esferas, que como espelhos côncavos refeletem a luz que ele despeja em grandes ondas.[57] Os Chineses meditaram muito sobre o número 7.

Como os Pitagóricos, atribuíam-lhe profundas idéias. Um de seus livros sagrados, o *Liu-Tzu*,[58] diz que é um número de muitas maravilhas. Finalmente, mesmo os primeiros Cristãos, embora em tudo distanciados das idéias antigas, também dividiam em sete dons a influência do Espírito Santo que é cantada nas igrejas Católicas.[59] Muito recentemente um teósofo Cristão,[60] examinando as propriedades do número 7, ensinadas com grande força conceitual, achou que era incompreendido, que não pode haver movimento espiritual que não seja setenário, porque este é o número das manifestações do Espírito; e porque força e resistência, que são o pivô universal de toda ação, são as duas bases constitutivas às quais o número setenário deve sua existência.

Acredito que não seja necessário mulitplicar as citações para provar a unânime concordância dos povos quanto à reconhecida influência dos números 7 e 12, produtos dos números 3 e 4 por simples adição ou multiplicação. Continuarei, portanto, minha síntese dogmática.

Os princípios fundamentais Si e Fá, desenvolvendo em direções inversas quer por quartas ou quintas, isto é, procedendo de 4 para 3 ou de 3 para 2, produz dois grupos idênticos de tons.[61] É esta identidade que constitui o setenário musical, e que faz essas notas serem chamadas *diatônicas* para distingui-las de todos os outros tons que podem surgir dos dois princípios fundamentais, mas que logo deixam de assemelhar-se, saindo da ordem diatônica para entrar na cromática e na enarmônica. O setenário diatônico da música, nascido da união de dois princípios, é aplicado na harmonia celestial ao setenário planetário (embora não se

---

[57] *The Marriage of Philology with Mercury*, II, 183-84.
[58] O *Liu-Tzu*, de Liu Chou (séc. VI), incluído no *Tao Tsang* (Patrologia Taoísta).
[59] "Tu septiformis munere", do hino *Veni Creator Spiritus*.
[60] Refere-se a Louis-Claude de Saint-Martin, em particular ao capítulo sobre música em seu *L'Esprit des choses* (Paris, 1800), vol. I, pp. 170 e seguintes.
[61] Começando com qualquer nota Si e crescendo por quartas sucessivas, obtidas no monocórdio encurtando a corda em um quarto de seu comprimento de cada vez (4:3), pode-se achar a série Si, Mi, Lá, Ré, Sol, Dó, Fá, Si bemol, Mi bemol, etc. Começando com a nota Fá e crescendo por quintas sucessivas, obtida encurtando a corda em um terço de seu comprimento de cada vez (3:2), acha-se a série Fá, Dó, Sol, Ré, Lá, Mi, Si, Fá sustenido, Dó sustenido, etc. Apenas os primeiros sete tons de cada série são idênticos; formam a escala diatônica. O Apêndice E contém uma útil explicação adicional a este respeito.

inferisse disso nos santuários que há apenas sete planetas primitivos, idênticos e realmente influentes em nosso sistema zodiacal, sendo os outros apenas secundários como os tons cromáticos e enarmônicos em nosso sistema). O tom fundamental Si representa Saturno, o mais distante do Sol entre os planetas primordiais. O tom fundamental Fá representa Vênus, o mais próximo deles do Sol.[62] O primeiro tem um movimento crescente por quartas, o segundo um movimento descendente por quintas, como segue:

Saturno	Sol	Lua	Marte	Mercúrio	Júpiter	Vênus
Si	Mi	Lá	Ré	Sol	Dó	Fá

Este setenário planetário, movendo-se no dodecaedro universal representado pelo número radical 12, é sua perfeita medida, e constitui a ordem diatônica dos tons e dos modos musicais que se seguem dela. Representarei a imagem deste movimento após fazer algumas observações preliminares.

A primeira é que uma corda medida em quartos para dar as quartas Si, Mi, Lá, Ré, Sol, Dó e Fá, não pode ao mesmo tempo ser medida em terços para dar as quintas Fá, Dó, Sol, Ré, Lá, Mi, Si; portanto duas cordas são necessárias para representar os dois princípios Si e Fá.

A segunda observação é que essas duas cordas serão desiguais em comprimento, já que o Fá prosseguindo por quintas precisa de uma maior distância para alcançar o Si que o Si precisa para alcançar o Fá por meio de quartas.[63]

Conseqüentemente, e esta é a terceira e mais importante observação, supondo-se que estas duas cordas sejam dispostas em arco para representar a esfera universal, e aplicando-se a elas a medida zodiacal 12, os dois hemisférios serão desiguais, embora dêem tons respectivamente iguais, porque as duas cordas, incomensuráveis uma com a outra,

---

[62] É importante observar que os Antigos chamavam "Vênus" ou "Juno" o planeta que hoje conhecemos como Mercúrio; e "Mercúrio", "Hermes" ou "Stilbon" o resplandecente, aquele que hoje chamamos Vênus. É uma mudança de denominação feita à época que se deve saber dela para se entender certas passagens dos escritos antigos. Assim, quando digo "Vênus", quero dizer o planeta hoje conhecido como Mercúrio, e quando digo "Mercúrio", quero dizer o planeta hoje conhecido como Vênus. Na astronomia comum, pode-se manter os nomes aceitos, mas na astronomia musical isto é impossível e deve-se restaurar os verdadeiros nomes. [FdO]

[63] A série Fá alcança Si após três oitavas e meia; a série Si alcança Fá após duas oitavas e meia.

englobam áreas ou espaços que, embora não se possa medi-los um pelo outro nem expressá-los em números físicos, estarão não obstante em relação com a quarta para a quinta musical.

Isto servirá para provar que o Universo não está de modo algum contido, como acha o vulgo, num círculo perfeito, mas sim numa espécie de oval, que os Órficos corretamente representaram na forma de um ovo, e que as esferas individuais dos planetas, de conformidade com o Universo, não são exatamente circulares, mas descrevem uma elipse mais ou menos alongada, de acordo com a porção da corda harmônica que os serve como medida.[64]

F. D. O.
France Musicale, 9 de Junho de 1850

---

[64] Esta passagem agradaria Johannes Kepler, descobridor original das órbitas elípticas dos planetas e defensor da música criada como seu resultado (ver seu *Harmonices Mundi* [Linz, 1619]). O paralelo com o Mundo-Ovo dos Órficos foi sugerido por Nicolas Fréret num memorando à Académie des Inscriptions (vol. 25) e divulgado por C. F. Volney em seu popular *Les Ruines, ou méditations sur les révolutions des empires* (1791), onde Fabre d'Olivet provavelmente a encontrou.

CAPÍTULO VII

UM OLHAR SOBRE
A MÚSICA CELESTIAL

Façamos uma pausa momentânea na esfera celestial e, penetrando até onde a prudência permitir nos segredos dos antigos santuários, vamos supor que estamos ouvindo um dos sábios Eumólpidas[65] falando: "Vendo os sete planetas primordiais formando uma espécie de círculo em torno de um centro comum", diz ele, "o vulgo imagina que a Terra está situada nesse centro, e que vê não apenas os planetas movendo-se em torno dela, mas até mesmo a suprema esfera que a encerra; mas isso é mera aparência, uma grosseira ilusão dos sentidos que toma pela verdade."

"É prudente deixá-lo em seu erro até que possa percebê-lo; pois como não pode perceber a verdade se ela se apresentar a ele antes que sua mente esteja devidamente preparada, quem tentasse arrancá-lo de seu erro apenas o precipitaria no caos e o faria incapaz de guiar-se através das trevas em que seria repentinamente envolto. A Terra não é mais centro do Universo que Saturno ou Júpiter; é apenas um planeta, como eles. A Lua tem seu lugar na ordem planetária, e quando os iniciados falam da Lua, sempre querem dizer a Terra, porque sabem que a Lua, a Terra e Tártaro, ou a Terra da Terra, são uma única e mesma coisa sob três nomes diferentes.[66] Para eles esta é a tripla Hécate: Prosérpina no submundo, Diana na terra, e Febo nos céus. A Terra é central apenas quando se a considera como constituindo um sistema particular dentro do sistema universal, sendo tomada como a tônica de um modo musical. Por outro lado, os filósofos, tendo visto que a Terra não pode ocupar o centro do Universo, puseram lá o Sol, e explicaram por abstrações matemáticas o fenômeno dos movimentos celestiais. Mas," continua o

---

[65] Fabre d'Olivet define os Eumólpidas como "perfeitos", discípulos de Orfeu, na *História Filosófica do Gênero Humano*, e dá sua etimologia para o nome em *Les Vers dorés de Pythagore* como vindo de *eumolpos*, *"la voix accomplie"*. Fabre d'Olivet chamava sua própria versificação de *vers eumolpiques*.

[66] Esta afirmação é um resumo da cosmologia do Pitagórico Filolau.

Eumólpida, "esse é ainda apenas o sistema dos Pequenos Mistérios, dos quais se permite que uma parte seja divulgada ao povo, como se para atacar inconscientemente a multidão de seus erros. Embora seja certo que o Sol esteja infinitamente melhor como centro do Universo que qualquer outro ponto ou circunferência, não é menos verdade que essa estrela, vista da Terra, nunca deveria ser considerada um planeta. Ouçam cuidadosamente a razão, e não rejeitem sem um detido exame o que vou lhes dizer. Nesse lugar central, ele é invisível para nós. Se ele se manifesta a nossos olhos, é pelo reflexo de sua luz. O Sol que vemos é apenas uma imagem sensível do Sol inteligível,[67] que a partir do centro imprime movimento ao Universo e o preenche com sua luz. Os raios que nos alcançam nos iluminam graças a uma espécie de espelho circunflexo que os corporifica e adapta à debilidade dos nossos órgãos."

"Não é necessário saber mais do que isto para se entender a figura musical com que nos ocupamos, e seria passar do ponto para eu ir além nessa matéria. Que seja suficiente para vocês saber que os cálculos de nossos astrônomos quanto aos movimentos, à massa, às distâncias respectivas entre os corpos celestiais, à sua natureza interna, são excelentes até onde as relações físicas e usos civis estão envolvidos, e deduzidos, na maior parte, com raro talento; mas são vãos quando se tenta aplicá-los ao conhecimento da verdade. Cálculos baseados nas ilusões terrestres nunca são acurados, exceto nessas bases, e desaparecem tão logo se tente separá-los delas. Os movimentos das estrelas são conseqüência daqueles atribuídos à Terra, e não têm outra certeza. Assim, se a Terra não tiver os movimentos que os astrônomos crêem que tenha, ou se tiver outros movimentos, tudo em seu sistema universal mudaria instantaneamente; calculam distâncias pelo **parallax** solar, que lhes é inteiramente desconhecido, porque procuram o centro dessa estrela onde não está, e medem as massas por meio de relações que estabeleceram entre a Lua e a Terra, sem saber que, já que a Lua em nada difere da Terra, essas relações são identidades; em vez de dois termos, como crêem, nunca lhes dão mais que um.

"De resto, esses cálculos, embora não tragam nada de verdadeiro, ainda são muito úteis, como eu disse, quando aplicados apenas às necessi-

---

[67] Nova referência às doutrinas do imperador Juliano no que se refere ao Sol físico e ao inteligível, aqui confrontadas ao esquema de Filolau em que o Sol é distinto do Fogo Central ou Coração do Universo.

dades da vida; tornam-se vãos ou perigosos somente quando se tenta transferi-los do sensível ao inteligível, e dar-lhes uma existência universal que eles não têm. Seria o mesmo que, após haver estabelecido, como nossos sábios iniciados, um sistema intelectual fundado na música celestial, se tentasse submeter os resultados ao cálculo de números físicos. Saber-se do primeiro princípio que há uma relação de um quarto entre Saturno e o Sol, e entre o Sol e a Lua — sendo assim o Sol o ponto central e tônico entre os dois planetas —, não capacita ninguém a expressar em números físicos as respectivas distâncias desses luminares, seu tamanho e movimento, porque a relação musical de uma quarta pode ser dada por cordas variando infinitamente em comprimento, espessura, e vibrações, de acordo com sua constituição interna e a natureza mais ou menos homogênea de suas partes.

"Deve-se, portanto, evitar a tola substituição de um sistema pelo outro. O sistema físico serve para calcular por aproximações, que parecem exatas, os cursos aparentes dos corpos celestiais, e para predizer o retorno do fenômeno; o sistema intelectual, para tornar conhecidas, por níveis constantes, as causas desses movimentos, e para avaliar as ilusões fenomênicas que eles produzem. O primeiro é o conhecimento dos efeitos externos e visíveis, o segundo dos princípios internos e ocultos. A ciência consiste em unir esses sistemas e usar cada um para seu próprio objetivo. Aqui é onde jaz a verdadeira filosofia. Ao contemplá-los ambos, essa ciência ensina que o primeiro desses sistemas, invariável quanto à Causa de que revela o princípio, desaparece quando o intelecto é apagado; enquanto o outro, graças à variação das formas, muda com os tempos, povos e climas, de modo a servir pelo menos para ensinar às pessoas nas trevas morais em que suas vontades e as vicissitudes da Natureza as tiver lançado."

Após meditar um momento neste discurso do Eumólpida, passemos ao desenvolvimento diatônico em música. Esse desenvolvimento funciona opondo as cordas fundamentais que dão os dois tons primordiais Si e Fá.

Si	*Mi*	*Lá*	*Ré*	*Sol*	*Dó*	*Fá*
4096	*3072*	*2304*	*1728*	*1296*	*972*	*729*

Fá	*Dó*	*Sol*	*Ré*	*Lá*	*Mi*	*Si*
5832	*3888*	*2592*	*1728*	*1152*	*728*	*512*

Encontramos em oposição a essas duas cordas as medidas existentes entre todos os inervalos diatônicos, e a identidade dos tons é irresistivelmente provada pela união estabelecida no Ré, que é o tom médio das duas cordas. Nas esferas planetárias, este uníssono no Ré corresponde ao planeta Marte.

Se agora transpusermos as cordas Si e Fá às suas oitavas altas, sempre movendo-as pelas progressões contrárias apropriadas, obteremos as séries de tons diatônicos seguindo a posição dada a eles pela Natureza.

SISTEMA DIATÔNICO SATURNIANO

Saturno	Júpiter	Marte	Sol	Vênus	Mercúrio	Lua
Si	Dó	Ré	Mi	Fá	Sol	Lá

SISTEMA DIATÔNICO CIPRIOTA

Vênus	Mercúrio	Lua	Saturno	Júpiter	Marte	Sol
Fá	Sol	Lá	Si	Dó	Ré	Mi

De tudo o que eu disse segue-se que os tons diatônicos, como os recebemos dos Gregos e Latinos, não são de modo algum arbitrários, nem em seus inervalos nem em sua ordem, e o dos Egípcios, que igualaram seu número ao dos planetas e os puseram na mesma ordem, seguiram quanto a isso uma respeitável tradição fundada na verdade, ou foram eles mesmos inspirados por uma profunda sabedoria.

Esses tons, como estamos convencidos, devem sua identidade aos desenvolvimentos contrários dos dois princípios, e sua ordem à reconciliação desses princípios. Seus intervalos são estabelecidos por proporções matemáticas de rigorosa exatidão, das quais nada se pode alterar sem lançar tudo em confusão. Podemos assim aceitá-la em toda certeza e fazer dela a inabalável base do nosso sistema.[68]

---

[68] Essas figuras dão os dois intervalos do sistema diatônico Pitagórico: todos os tons estão na relação 9:8, todos os semitons (*leimmas*) na relação 256:243.

SISTEMA DIATÔNICO SATURNIANO
Corda fundamental Si

Si	Dó	Ré	Mi	Fá	Sol	Lá
de 2048	a 1944	a 1728	a 1536	a 1458	a 1296	a 1152

SISTEMA DIATÔNICO CIPRIOTA
Corda fundamental Fá

Fá	Sol	Lá	Si	Dó	Ré	Mi
de 1926	a 2592	a 2304	a 2048	a 1944	a 1728	a 1536

A única coisa que ainda resta a mencionar sobre esta ordem diatônica refere-se à música celestial. Deve-se lembrar que os Egípcios, tendo representado o setenário planetário pela corda fundamental Si e concebido seu desenvolvimento ascensional pela progressão em quartas, consideravam essa progressão como divina e espiritual, e davam à progressão por quintas o nome de terrestre e corpórea; também preferiam a ordem diatônica dada por essa corda, conferindo aos planetas a mesma ordem que eles têm no espaço etéreo,[69] como segue:

Saturno	Júpiter	Marte	Sol	Vênus	Mercúrio	Lua
Si	Dó	Ré	Mi	Fá	Sol	Lá

É devido à idéia que os Egípcios tinham da superioridade do princípio Saturniano Si sobre o Cipriota Fá, que eles fizeram sua progressão por quartas governar os sete dias da semana, e seu curso diatônico as 24 horas do dia, como Dion Cássio diz expressamente na sua *História Romana*.[70]

---

[69] Ou seja, a ordem funcionando tendo a Terra considerada como centro: presumivelmente diferente da ordem do sistema solar físico, que é heliocêntrico.
[70] *História Romana*, XXXVII, 18.

Eis aqui a ordem para os sete dias da semana:

Sábado	Domingo	Segunda	Terça	Quarta	Quinta	Sexta
Saturno	Sol	Lua	Marte	Mercúrio	Júpiter	Vênus
Si	Mi	Lá	Ré	Sol	Do	Fá

Para as horas da manhã e da tarde:

1	2	3	4	5	6	7	8	9	10	11	12

Sábado - Dia de Saturno

am	Si	Dó	Ré	Mi	Fá	Sol	Lá	Si	Dó	Ré	Mi
dm	Sol	Lá	Si	Dó	Ré	Mi	Fá	Sol	Lá	Si	Dó

(continua)

Domingo - Dia do Sol

am	Mi	Fá	Sol	Lá	Si	Dó	Ré	Mi	Fá	Sol	Lá	Si
dm	Dó	Ré	Mi	Fá	Sol	Lá	Si	Dó	Ré	Mi	Fá	Sol

Segunda - Dia da Lua

am	Lá	Si	Dó	Ré	Mi	Fá	Sol	Lá	Si	Dó	Ré	Mi
dm	Fá	Sol	Lá	Si	Dó	Ré	Mi	Fá	Sol	Lá	Si	Dó

Terça - Dia de Marte

am	Ré	Mi	Fá	Sol	Lá	Si	Dó	Ré	Mi	Fá	Sol	Lá
dm	Si	Do	Ré	Mi	Fá	Sol	Lá	Si	Dó	Ré	Mi	Fá

Quarta - Dia de Mercúrio

am	Sol	Lá	Si	Dó	Ré	Mi	Fá	Sol	Lá	Si	Dó	Ré
dm	Mi	Fá	Sol	Lá	Si	Dó	Ré	Mi	Fá	Sol	Lá	Si

Quinta - Dia de Júpiter

am	Dó	Ré	Mi	Fá	Sol	Lá	Si	Dó	Ré	Mi	Fá	Sol
dm	Lá	Si	Dó	Ré	Mi	Fá	Sol	Lá	Si	Dó	Ré	Mi

Sexta - Dia de Vênus

am	Fá	Sol	Lá	Si	Dó	Ré	Mi	Fá	Sol	Lá	Si	Dó
dm	Ré	Mi	Fá	Sol	Lá	Si	Dó	Ré	Mi	Fá	Sol	Lá

Assim, fazendo o setenário musical diatônico operar entre o setenário harmônico, aplicado aos sete dias da semana após dividir cada um desses dias em duas vezes doze horas, os Egípcios encontraram um meio de distinguir as diferentes e respectivas relações dos dois princípios Si e Fá, que combinam suas ações no número zodiacal 12, e demonstraram a identidade de seus produtos formando uma série de tons diatônicos similares; então distribuíram esses tons pelo número horário 24, coordenando-os de diferentes modos entre eles, e opondo uns aos outros de acordo com onde eles eram tomados alternativamente como o começo de uma série, ou, musicalmente falando, como a tônica de um modo. O resultado deste novo movimento é que se pode reconhecer sete modos diatônicos, que formam catorze desde que se os considere como primordiais ou secundários; mas, como devo explicar mais tarde, esses sete modos primordiais são reduzidos a cinco, porque os princípios Si e Fá, agindo separadamente, não podem jamais constituir verdadeiros modos no sentido que dou a esse termo.

F. D.
France Musicale, **16 de Junho de 1850**

CAPÍTULO VIII

O SISTEMA MUSICAL DOS CHINESES

Depois da queda do Império Indiano,[71] apareceu em seu meio um homem extraordinário que intentou reabilitá-lo purificando sua religião e resolvendo as dificuldades que surgiram a respeito da primeira causa do Universo; esse homem, chamado Rama, teve sucesso em seus planos e, embora seu edifício tenha ruído nas mãos de seus sucessores, obteve a glória imortal de tê-lo erigido.

Esse Rama, de sobrenome "Deo-Naúsh"[72], de "Deva-Naúsh", o mesmo que "Issaúra" cujos altares ele ergueu em toda parte sob este nome, é o mesmo a quem os Gregos chamaram Dionísio. De acordo com os cálculos de Arriano e Plínio, mais de 6400 anos decorreram entre a época de Dionísio e o tempo em que Alexandre da Macedônia tentou conquistar a Índia. A expedição de Alexandre teve lugar, ao que sabemos, 326 anos antes da nossa Era; então, adicionando 1825 anos[73] até o presente, veremos que não podemos admitir menos de 8551 anos entre nós e Rama. Este homem divino, segundo os Brâmanes, foi uma das encarnações de Vishnu e apareceu no final da Segunda Era, trinta ou trinta e cinco gerações após Bharata, o que dá, a trinta ou trinta e três anos por geração, cerca de dez séculos. Tudo isso dá mais de 9000 anos de antigüidade ao sistema de Bharata, o que pode nos levar a meditar sobre os problemas que trouxe e que causaram a queda do último Império Universal, há 5600 anos.

---

[71] A versão da pré-história assumida neste capítulo — e no livro todo — é do próprio Fabre d'Olivet, exposta em seu *De l'état social de l'homme*, 2 vols. (Paris, 1822), republicado em 1824 com o título de *Histoire philosophique du genre humain*.

[72] Muitos capítulos da *Histoire philosophique du genre humain* são devotados ao herói Druida e Indiano Rama. Ver vol. I, pp. 199 e seguintes.

[73] Essa data e as seguintes foram alteradas na revisão para 1843; o ano de 1825, da morte de Fabre d'Olivet, está reposto aqui em conformidade com a edição de Philipon; em 1822 o trabalho em *Musica* foi anunciado pelo autor como iminente (ver *État social de l'homme*, vol. I, notas às págs. 189, 264 e 268).

Embora sejam os Chineses, entre todos os povos, os que começaram mais cedo a escrever sua história civil, seus anais estão longe de alcançar a época de que estou falando. As datas autênticas que transmitem não vão além da Dinastia Hsia, 2300 ou 2400 anos antes de Cristo, ou seja, 4200 anos antes do presente.

Os 4300 ou 4400 anos que devem, segundo meus cálculos, separar essa dinastia da expedição de Rama que momentaneamente uniu o *Tchandra Douep*[74] ou China ao Império Indiano, estão preenchidos com alegorias referentes não a seres humanos, mas a seres morais e cosmogônicos, segundo o costume da época. Lê-se lá, por exemplo, que no começo a cor branca reinou sozinha no Universo com a exclusão de todas as outras, e que foi só no tempo de Kuang Chheng-tzu[75] que a cor amarela apareceu e ganhou ascendência sobre sua rival.

A cor branca significa aqui tanto o Império Indiano, que a carregava em seu estandarte, quanto o próprio Rama, cujo nome em Sânscrito significa brancura brilhante, enquanto que a cor amarela caracteriza o Império Chinês, que sempre a teve como cor distintiva. O próprio nome de Kuang Chheng-tzu significa que é ele quem concentra o princípio moral do império cujo símbolo é a cor amarela. Pode-se descobrir, no mesmo estilo alegórico, que foi Chu Jung[76] que inventou a música cuja poderosa melodia serviu para unir o povo Chinês, melhorar sua moral e fazê-lo seguir as leis. O nome dessa personagem moral indica apenas o princípio externo em que essa música foi fundada, princípio que examinaremos sem demora.

Os historiadores Chineses concordam unanimemente que o princípio fundamental sobre o qual seu império foi erguido — o maior e mais populoso da Terra — foi a música. Pan Ku, um dos mais celebrados deles, declara formalmente que a doutrina dos *Chings*, livros sagrados da nação, jaz inteira nessa ciência, representada nesses livros como a expressão e a imagem da união da Terra com o Céu. Após Chu Jung, Fu-Hsi e Huang-Ti, que são evidentemente seres morais e alegóricos, os Chineses consagram como autores de seu sistema musical Ling Lun, Khuei e Pin-Mou-Kia.

---

[74] Definido como "o país da lua masculina" em *op. cit.*, vol. I, p. 263.
[75] Um associado do "Imperador Amarelo" Huang-Ti; um eremita. Na *Histoire philosophique du genre humain*, vol. I, p. 263, é "Fo-Hi" (Fu-Hsi) que é citado como tendo trazido a cor amarela em seu estandarte.
[76] Fabre d'Olivet dá "Tchou-Joung-Che", presumivelmente o lendário Chu Jung, ministro sob Huang-Ti e conhecido também como Deus do Fogo.

A época de Ling Lun, o mais celebrado dos três, não pode ser fixada com exatidão. Presumivelmente não é muito distante da fundação do Império, que remonta, como se disse, a 8000 ou 8500 anos. O *Yo Ching*, livro sagrado que continha as leis da música, não sobreviveu aos violentos distúrbios políticos e religiosos que a China sofreu em várias épocas. Acredita-se que todas as cópias foram queimadas por ordem de Chhin Shih Huang Ti, quando este monarca, enraivecido pela obstinação com que os acadêmicos rejeitavam suas novas instituições, ordenou a destruição de todos os livros antigos em que baseavam sua oposição. (Este evento teve lugar 237 anos antes da Era Cristã.)

Os fragmentos que sobreviveram na memória foram cuidadosamente recolhidos, após a extinção da Dinastia Chhin, pela sucessora Dinastia Han, que restabeleceu o que seus predecessores haviam tentado destruir e fez grandes esforços para permitir que a música antiga florescesse outra vez; mas a guerra civil que se seguiu não lhes permitiu completar seu trabalho, e mergulhou tudo em franca desordem. Demorou muito até que um príncipe da Dinastia Ming (que começou no ano 1370 da nossa Era), chamado Tsai-yü,[77] um entusiasta dessa ciência, empreendeu restaurá-la à sua antiga glória, reabilitando-a em seu estado original; com esse propósito, cercou-se de todos os *experts* em música, teóricos e práticos, que a China tinha a oferecer, e investigou todos os monumentos nacionais a que seu posto facilitava a entrada.

O resultado desses trabalhos foi o sistema musical que ainda é seguido hoje naquele vasto império e que, por concordância unânime dos acadêmicos, não difere do de Ling Lun, e sobretudo repousa sobre os mesmos princípios, considerados tão sagrados quanto a mais remota antigüidade, como é indiscutivelmente provado pelos hinos sagrados cantados desde tempos imemoriais pelo próprio Imperador na Festa dos Ancestrais.

Esse princípio, chamado *Kung*, ou seja, centro luminoso, centro onde tudo termina e de onde tudo emana, corresponde ao tom que chamamos Fá. É assimilado na ordem universal ao *Tien*, ou seja, a natureza masculina, e depende do *Yang* ou número ímpar perfeito representado misteriosamente pela linha inteira, oposto ao *Yin*, representado pela linha dividida.[78]

---

[77] Príncipe Tsai-yü Chu, 1536-1611, autor do *Lü-lü ching-i* (Essência da Música).
[78] Fabre d'Olivet explicou isto em seus *Vers Dorés de Pythagore*, p. 199, mencionando que explicaria melhor esse assunto quando viesse a falar de música.

O diapasão que dá esse tom fundamental, chamado sobre todos os outros de *huang chung*, tom supremo dominante, resplandecente, amarelo na cor, tem o nome genérico de *yo*, que significa "música", da qual é o regulador.[79] Desde sua origem, e ainda hoje, seu diâmetro é o de três grãos de **millet**, sua circunferência nove grãos, e sua capacidade duzentos grãos. Cada grão de **millet,** chamado em chinês de *shu*, é o equivalente ao que chamam de *fên*, ou uma linha.[80] Como esse diapasão que dá o som do *huang chung* sempre serviu na China como base para as medidas também de superfícies e volumes, pode-se perceber com que cuidado o governo se empenhou em sua conservação.

Mas, temendo que futuras revoluções trouxessem mudanças à sua forma e tamanho, o Príncipe Tsai-yü não desprezou nada que pudesse assegurar sua integridade primordial. Tendo descoberto, através de suas pesquisas, que a medida usada pela Dinastia Hsia devia ser a mesma que era usada pelos Fundadores do Império, tomou como modelo o pé musical cuja descrição leu nos antigos fragmentos dos livros cuja impressão havia visto em certas ruínas de antigos monumentos, e criou um modelo exato, forjado em bronze.

Essa réplica, após receber a aprovação imperial, tornou-se um padrão métrico universal para toda a China. Até hoje é nesse tom que todos os intrumentos e vozes são afinados; por sua capacidade todas as medidas líquidas são determinadas; por seu comprimento é medido tudo o que tem a ver com a divisão geométrica de superfícies, as dimensões dos sólidos, comprimentos e pesos. Cópias legais deste importante protótipo, cuidadosamente preservadas em todas as cidades, gravadas em todos os monumentos públicos, estão em todos os lugares visíveis ao po-vo. Os que representam o modelo imperial são de forma quadrada, com quatro lados iguais. O interior, que é oco e perfeitamente redondo, tem como eu disse nove linhas de circunferência. Um desses lados é dividido em nove polegadas de nove linhas cada, fazendo ao todo oitenta e uma linhas: é o pé *musical*.

O outro lado é dividido em dez polegadas de dez linhas cada, fazendo ao todo cem linhas: é o pé de *cálculo*. O primeiro é chamado *Lü-chhih* e o segundo *Tou-chhih*. O *Lü-chhih*, segundo os especialistas

---

[79] É digno de nota que o termo *yo*, que significa "música" em Chinês, também significa a *montanha sagrada* à qual o povo atribui sua origem, e serve para expressar *sua vontade*. [FdO]
[80] Uma *ligne*, ou linha: medida obsoleta equivalente a 1/12 de polegada; na China o *fên* equivale a 1/10 do *tshun*, ou pé.

Chineses que trabalharam no assunto, é o pé que Huang-Ti usou; deve ser empregado apenas para o cálculo das coisas intelectuais. O *Tou-chhih* é o pé usado pelo grande Yü e pela Dinastia Hsia; deve ser aplicado ao cálculo das coisas físicas.

Assim, é do princípio fundamental *Kung* ou Fá que tudo na China, seja na esfera física ou moral, recebe seu número, sua medida, e seu peso. É a este único princípio que tudo está relacionado; e — coisa maravilhosa — é através do exame deste princípio, cuja forma no diapasão que o produz não mudou em mais de oito mil anos, que se pode ter idéia dos fundadores desse Império, perceber sua conexão com as leis que regulam o Universo, e mesmo apreciar o nível exato que deram a suas canções na escala musical.

O que é talvez não menos maravilhoso, e que não obstante resulta dessa instituição, é que graças a esse princípio Fá, reconhecido como sagrado e imutavelmente fixado em forma, um povo de não menos de vinte milhões de almas tem o mesmo peso, a mesma medida e usa as mesmas entonações vocais nas mesmas passagens de suas músicas.[81]

A semelhança entre o que acontece hoje na China e o que acontecia no Egito no tempo de Platão é extraordinária demais para ser mero efeito do acaso, e não duvido de que o leitor judicioso que vê a conexão perceba as provas do que eu disse.

France Musicale, **24 de Setembro de 1843**

---

[81] A uniformidade Chinesa (em termos literários) também é louvada nos *Discours* de Olivet, p. 13.

COMPLEMENTO
AO
CAPÍTULO VIII

Nota: Este artigo é reproduzido quase literalmente no Dicionário de Escudier, verbete "Chinois (Système Musical des)", completado como segue:

ADENDO A:

Agora que conhecemos o princípio em que o sistema musical Chinês de Ling Lun é fundado, e a maneira como foi estabelecido, vamos ver sob que medidas este homem famoso concebeu seu desenvolvimento, e como fez os tons diatônicos e cromáticos resultarem do que considerou em seu sistema.

Ling Lun, tomando a corda fundamental Fá como tom gerador de todos os outros tons e soando-a quer na pedra musical *chhing* ou no bronze harmonioso *chung*,[82] ouviu na reverberação desses corpos muitos tons análogos ao tom gerador, entre os quais reconheceu que o primeiro e mais duradouro era a oitava superior do fundamental e sua quinta dobrada ou décima-segunda;[83] assim foi levado a crer que o desenvolvimento dos corpos sonoros em geral ocorre com uma série combinada que os faz seguir simultaneamente uma dupla e uma tripla progressão, dupla como de 1 a 2 ou de 4 a 8 para produzir sua oitava, e tripla como de 1 a 3 ou 4 a 12 para produzir sua décima-segunda. Estas séries combinadas, que compreendem as faculdades opostas ou par e ímpar, convenceram-no mais ainda quando falharam em admitir qualquer princípio novo, e permitiram-lhe aparentemente fazer tudo fluir da unidade.

---

[82] Fabre d'Olivet dá a esses instrumentos os nomes de *yuhing* e *lien-tchoung*; a ortografia atual (segundo o *New Grove Dictionary of Music and Musicians*) dá os nomes de *ging* e *zhong*. Quando possível, a tradução segue as formas de Joseph Needham (*Science and Civilization in China*).

[83] Ou seja, ouviu o primeiro e segundo tons parciais (harmônicos).

Dizemos aparentemente, porque ao supor essas séries heterogêneas e simultâneas de 1 para 2 e de 1 para 3, o sistema onde reinam, à exclusão de 3 para 4, vai sempre perder o gênero cromático e enarmônico. Rameau, que, mais de oito mil anos após Ling Lun criar as bases de seu sistema musical, começando pela mesma experiência, foi forçado a recorrer a um falso temperamento que mutilava todos os tons, e que, vinte vezes proposto na China, foi vinte vezes recusado; porque os sábios daquela nação, embora há muito estivessem cientes da falha em seu sistema, preferiram mantê-lo puro, conquanto incompleto, antes de bagunçar suas partes para repor uma faltante.

Na época em que Ling Lun propôs seu princípio único, dirigido pelo espírito cismático que o dominava, não pôde encontrar teoria melhor, e teve de concordar que, a despeito de suas insuficiências, ainda apresenta grandes belezas e sobretudo mostra a grande perspicácia de seu inventor.

Um dos autores cujas obras podem dar boas indicações quanto à música dos Chineses é Père Amyot.[84]

---

[84] J. J. M. Amiot (ou Amyot), missionário em Pequim, autor das *Mémoires concernant l'histoire, les sciences et les arts des Chinois* (Paris, 1776-91). Fabre d'Olivet bebeu bastante no sexto volume, sobre música Chinesa, parte do qual andava em circulação, em versão manuscrita, desde 1754, disponível portanto também ao Abade Roussier.

CAPÍTULO IX

O SISTEMA
MUSICAL DOS GREGOS[85]

Quando a música dos Gregos entra em questão, não sofremos por falta de fontes: ao contrário, são as fontes o problema, porque, mesmo após lê-las todas, é difícil entender o que querem dizer, graças à incoerência que permeia esses trabalhos e às contradições em que caem a cada passo, não apenas umas com as outras, mas também em si mesmas. Sua obscuridade e falta de concordância vêm em geral do fato de que nada sabiam da origem ou dos princípios da ciência.

Já que essa origem e esses princípios são por nós hoje conhecidos, temos apenas de trabalhar suas conseqüências de modo a conhecer a exata natureza da música dos Gregos, e poder explicar eficientemente todos os fatos que a história desses povos celebrados nos transmitiram quanto a esse assunto.

Primeiro, vamos relembrar um ponto importante. A Europa, parcialmente selvagem, era como todo o resto do hemisfério uma dependência do Império Indiano até o cisma dos Reis Pastores;[86] então foi repentinamente separada e caiu sob o domínio dos Fenícios, junto com os países da Ásia e da África e a dominação do Mediterrâneo. Essa raça de brilhantes navegadores e fortes comerciantes perambulou ao longo das costas, dominando colônias existentes, fundando novas, e penetrando em terra até onde conseguiu. Os nomes que deram às suas novas fundações eram todos derivados de sua própria mitologia ou dos símbolos de sua religião. Suas mais extensas e bem sucedidas colônias incluíam

---

[85] A primeira parte deste capítulo é reproduzida quase literalmente no Dicionário de Escudier sob o título "Grecs anciens (Musique des)". A segunda parte, completada por duas notas (10 e 11), foi reproduzida em *La France Musicale* de 25 de março de 1849 sob o título "Orphée" e a assinatura F. D., de "Orfeu foi o primeiro homem entre os Gregos a criar época..." até "Quando Pitágoras apareceu na Grécia..."

[86] Ver *Histoire philosophique du genre humain*, vol. I, pp. 252 e seguintes. Os "Reis Pastores" são identificados com o cisma de Irschu, devotados ao princípio feminino sobre o masculino, cujo símbolo era o *yoni* (órgão gerativo feminino), de onde o nome "Iônia" ou "Jônia". Veja-se o extrato desse livro no Apêndice F.

ao mesmo tempo os Trácios, os Dácios, os Truscos e os Etruscos: nomes que diferem apenas em dialeto, e que tudo reduz ao mesmo: o primitivo nome Trácia, que em Fenício significa *espaço etéreo*.[87]

A Grécia no começo não se distinguia da Trácia: o nome é o mesmo, apenas mais restrito e menos enfático por causa da letra inicial diferente. O nome de Iônia, que lhe foi dado depois, designando o símbolo particular da seita Iônica, tinha em comum com todas as possessões Fenícias tanto na Europa quanto na Ásia.

A Grécia, ou se se preferir Trácia — pois naquele tempo uma não era diferente da outra —, recebeu assim sua música das mãos dos Fenícios, que comunicaram seu sistema pouco a pouco, conforme permitiam as circunstâncias e o estado de civilização. Para se entender esse sistema e seguir seus desenvolvimentos, é necessário saber que a palavra "lira", geralmente aplicada a um instrumento musical em particular, era no começo um termo genérico aplicado à própria música, e transferido por extensão ao instrumento científico por meio do qual as leis musicais eram determinadas. (A palavra Grega *lyra* deriva da mesma raiz que o termo Fenício *sirah*, que expressa tudo o que é harmonioso e concordante.) O que era entendido pela lira de três cordas não era o instrumento musical, mas sim o que constituía a afinação fundamental. A partir do momento em que o instrumento teórico foi confundido com o prático, perdeu-se o entendimento.

A lira de três cordas de que fala Deodoro Sículo designava o sistema mais antigo, o de conjuntos de tetracordes (Si Dó Ré Mi interseccionando com Mi Fá Sol Lá). Essas três cordas eram Si, Mi e Lá. A lira de quatro cordas citada por Boécio indica o sistema de disjunção de tetracordes (Mi Fá Sol Lá, Si Dó Ré Mi). Essas quatro cordas eram Mi, Lá, Si, Mi, ou Lá, Ré, Mi, Lá. Falar da "lira" era indicar o sistema, o que era o mesmo que indicar tudo: pois desde que a disposição de um tetracorde era matematicamente fixada no gênero diatônico, não se podia errar.

Este arranjo entre cada tetracorde, indo do alto a baixo à maneira Fenícia, era de dois sucessivos tons completos e um semitom. Os Gregos, enquanto não diferiam dos Trácios, não tinham outra melodia; tudo para eles estava incluído no intervalo musical dos tetracordes, arranjados como eu disse.

---

[87] Esta etimologia também é dada em *Les Vers dorés de Pythagore expliqués*, edição de 1813, p. 16.

Nos dois sistemas de tetracordes conjuntos e disjuntos, o modo flutuava entre as tônicas Lá e Mi, com preferência pelo Lá, que se conforma bastante às idéias desse modo consagrado à natureza feminina. De qualquer modo, uma vez que o final na ponta superior do conjunto de tetracordes conjuntos terminava em Si, permitindo domínio momentâneo ao princípio assimilado à natureza masculina, os Fenícios quiseram eliminar esse domínio, e com esse propósito adicionaram ao final inferior uma corda afinada duas oitavas abaixo da nota mais alta do sistema disjunto de tetracordes, ou seja, um Lá fundamental.

Desse modo ensinaram aos Gregos seu modo favorito, o Lócrio, o "som da aliança", conhecido particularmente sob o epíteto de *linos*, o lunar, e celebrado por seu efeito melancólico. Pela adição dessas duas cordas, os dois sistemas foram juntados num só, diferindo num ponto apenas daquele dos Hindus: um ponto que parece pouco importante, embora envolva conseqüências muito sérias quanto ao princípio de que emana. Esse ponto é que a corda Si bemol, encontrada no tetracorde *synnemenon*, faz parte do sistema em que é o tom diatônico; e daí por diante destruindo o Si natural como seu princípio, torna-o subordinado ao Fá, que agora se torna a dominante. Essas idéias, como sabemos, eram as dos Fenícios, que todas as nações chamavam Jônios ou Amazonianos.

O sistema musical que chamamos Jônio, tendo alcançado a perfeição, permaneceu assim por um longo tempo entre os Trácios. Parece que toda modulação que esses povos tinham estava restrita à passagem do tetracorde conjunto para o disjunto, ou vice-versa. Freqüentemente nem sequer modulavam; cantavam na lira de três ou quatro cordas conforme quisessem usar o diapasão de sétima ou de oitava. Como a melodia estava contida no âmbito do tetracorde, as canções eram fáceis e descomplicadas.

Freqüentemente, bastava ao cantor soar as principais cordas das liras, Si, Mi, Lá ou Mi, Lá, Si, Mi, de forma a improvisar com tons secundários.[88] O que confirma esta opinião é o modo como certos antigos poemas gregos são notados. Entre os da Biblioteca do Vaticano[89] foram encontrados alguns em que o fim de cada verso é marcado por uma letra

---

[88] Fabre d'Olivet sugeriu isto em sua terceira carta sobre a música Grega, *Correspondance des amateurs et professeurs de musique*, 25 de agosto de 1804.
[89] Fabre d'Olivet cita esses manuscritos em sua terceira carta sobre a música Grega (ver nota anterior), mas não foi possível identificá-los.

vocal e uma instrumental, marcadas imediatamente uma após a outra; evidentemente a intenção do poeta ou músico era a de que alguém pudesse cantar o verso na corda designada, ou parar ali, deixando o cantor livre para preencher o resto à vontade.

    Assim a lira teórica pode bem ter sido vocal, existindo com três ou quatro cordas sempre tocadas abertas; mas a partir do momento em que se tornou prática e instrumental, foi necessário aumentar o número de cordas, o que deu origem à harpa, ao **epigônio**, ao saltério, etc., ou alternativamente adicionando uma prancha onde os dedos pudessem pressionar as cordas e fazê-las soar as diferentes notas do tetracorde, o que é representado pela invenção da cítara, do barbiton, da mandara, etc.

    Seria difícil dizer por quanto tempo a música Jônia permaneceu nesse estado simples. Tudo o que se pode razoavelmente afirmar quanto a isso é que suas variações seguiram aquelas da seita que a adotou como símbolo de sua aliança. Eu disse que essa seita rapidamente se dividiu. Quase todos os povos que causaram essa divisão clamaram por uma música diferente de todas as outras, pois, desde que a música foi uma das causas do cisma original, deve ter aparecido com força entre os elementos de formação das seitas que surgiram a partir dele. Assim formou-se um grupo de sistemas diferentes, entre os quais os principais eram o "Lídio", o "Frígio", e o "Dório", graças aos povos que os adotaram. Esses sistemas não eram precisamente o que os Hindus concebiam sob o nome de *ragas*, nem o que entendemos hoje por modos, porque no lugar de uma série de sete notas contidas numa oitava, contavam até dezesseis num intervalo de duas oitavas.

    Esses sistemas, como demonstrei, consistiam numa série de tetracordes conjuntos e disjuntos, e variavam na seqüência desses tetracordes, alguns adicionando o semitom, outros por simples transposição acima ou abaixo. Tal foi a confusão causada pelo grande número desses sistemas, e tão descuidado o modo como foram distintos pelos escritores que trataram do assunto, que é impossível hoje saber ao certo sequer se a tônica dos Lídios era Mi ou Dó, ou se a dos Dórios era Dó ou Mi.

    Neste ponto, não há um único autor que não contradiga os demais, e freqüentemente se contradizem a si mesmos. Mas nessa malga de opiniões contrárias encontrei duas autoridades que me permitiram concluir que a tônica dos Lídios era Mi, e a dos Dórios Dó. O primeiro é Aristoxeno,[90] que diz que os Dórios executavam a mesma canção um

---

[90] Uma interpretação dos *Harmônicos*, II, 37.

tom abaixo dos Frígios. A segunda autoridade, confirmando isto, é o judicioso Saumásio, que nos diz em seus *Comentários Sobre as Comédias de Terêncio* que a música usada nessas comédias era tocada em flautas apropriadas a cada modo; algumas usando o modo Frígio, outras o Dório, mais baixo que o Frígio; e o terceiro tipo era o Lídio, mais alto que o outro dois tons. Zarlino na Itália, e Fux na Alemanha, seguiram essa opinião, como J.-J. Rousseau na França, que cita Ptolomeu nesse assunto. De qualquer forma a etiologia dos nomes, junto com as muitas conseqüências que se seguem deles, confirmam essa opinião.

France Musicale, **1 de Outubro de 1843**

COMPLEMENTO
AO
CAPÍTULO IX

ADENDO A:

Orfeu[91] e Pitágoras

Depois de tudo o que já disse, acho que não preciso explicar por que Anfião, Mársias e Tamíris, que são ditos como os inventores dos sistemas Lídio, Frígio e Dório, não eram as personagens físicas que se imagina ser: deve-se ter em mente que nessa época remota a história não se referia a indivíduos. Esses três nomes são de seres morais, não humanos: designam, como inventoras desses sistemas, as idéias que presidiram sua invenção.

Assim Anfião, que preside o sistema Lídio (significando "aquele de faculdade generativa feminina"), significa precisamente a voz nacional ou metropolitana da Jônia; Mársias, inventor do sistema Frígio (sistema dos líderes dos rebanhos, ou dos Reis Pastores), representa o espírito ardente, o ardor do guerreiro; e Tamíris, que governa o Dório (o da liberdade ou da força) representa a luz das estrelas gêmeas.

Foi uma grande revolução musical quando alguém ousou separar os tetracordes que, segundo leis antigas e sagradas, devem permanecer sempre unos. Essa revolução, cujas conseqüências foram maiores do que se pode imaginar, teve sua fonte na doutrina de Krishna no que se refere ao hermafroditismo universal.[92] Essa doutrina já tinha alcançado grande êxito; foi aceita na Líbia, no Egito, na Arábia, e em parte na Fenícia, e depois penetrou facilmente na Europa, onde fez consideráveis progressos entre os Trácios. Os Jônios, justificadamente alarmados por uma doutrina que ameaçava restringir sua influência, e temendo o colapso de seu império, tentaram resistir à sua divulgação; mas era tarde demais. O alto sacerdócio pronunciou seu anátema em vão: toda a Grécia

---

[91] Há mais sobre Orfeu como codificador do ritmo nas *Dissertações* do autor, pp. 16 e seguintes.
[92] Ver *Histoire philosophique du genre humain*, vol. I, pp. 277 e seguintes.

sucumbiu e dissociou-se da Trácia propriamente dita, que permaneceu fiel à metrópole. Altar após altar foi erguido, e o Monte Parnaso escolhido para substituir a montanha sagrada da Trácia, assento do soberano Pontífice que não era mais reconhecido.[93] Lá foi erguida a cidade de Delfos, designada cidade santa sob o nome de *Pytho*.

Foi lá que a nova seita, dizendo-se guiada por *Olen,* o espírito universal, pôs o famoso Omphalos, símbolo do divino hermafroditismo, e tomou como objetos de adoração o Sol e a Lua unidos num único ser, inicialmente conhecido pelo nome de *Oetolinos*. Essa revolução, que separou para sempre a Grécia da Fenícia, e isolou esta da Trácia, exerceu enorme influência nos destinos da Europa; merece ocupar um dia as penas dos historiadores.

Incompletos como eram, os gêneros cromáticos e enarmônicos Gregos tinham em sua novidade um poderoso efeito, como empregado nas mãos de Orfeu. Este nome, a que brilhantes memórias estão associadas, me dá ganas de reentrar no campo da história para eguer um monumento à glória do divino homem que o levou. Mas isto seria ultrapassar em muito os limites que me impus, de fazer pelos tempos modernos o que fiz pela Antigüidade.

É suficiente aqui traçar a linha que separa a história alegórica e moral da positiva e cívica. Orfeu foi o primeiro homem entre os Gregos a criar época, posicionando-se no centro de uma esfera moral cuja influência é ainda sentida entre nós mais de trinta e três séculos depois.[94] Instruído pelos Egípcios, iniciado em seus mais secretos mistérios, ascendeu na Grécia ao grau de supremo pontífice.

Foi capaz de unir num único culto vinte nações hostis, divididas em suas opiniões religiosas e em suas leis seculares, e fundou a admirável Liga Anfitiônica[95] cujos decretos eram sancionados pelo Soberano Pontífice de Delfos. Foi ele quem criou a magnífica mitologia Grega que, a despeito dos persistentes esforços de uma religião fanática e intolerante, ainda brilha através dos ridículos andrajos em que foi envolta para animar nossas artes e governar nossa poesia.

---

[93] Na *Dissertation* de Fabre d'Olivet, p. 19, o próprio Orfeu é chamado Pontífice de Delfos.
[94] Orfeu era Trácio; seu nome também é Fenício. Vem de Aor-ropheh, "Medicina luminosa"; ou seja, a luz da Medicina ou da Salvação, tanto moral quanto física. [FdO]
[95] Ou seja, a união das vozes metropolitanas da terra nativa. [FdO]

O principal serviço prestado por Orfeu à música Grega foi basear todos os sistemas num só, e distinguir, sob o nome de modos, o que antes dele era chamado de sistemas. Geralmente se crê que ele admitia apenas três modos num único sistema.[96] Esses modos primitivos eram o Lídio, o Frígio e o Dório, cujas tônicas eram, em ordem descendente, Mi, Ré, Dó.

Alguns quiseram, pela divisão de cada um dos dois tons inteiros (Mi Ré; e Ré, Dó) em dois intervalos, usando Mi bemol e Dó sustenido, para dar dois modos adicionais, o Jônio e o Eólio, que seriam então simples transposições. Outros, entre eles o velho Báquio e Ptolomeu, asseguram que os modos admitidos por Orfeu eram em número de sete; mas não concordam nem com a ordem, nem com os nomes desses modos. Finalmente, outros estabeleceram quinze modos: cinco primitivos (Lídio, Eólio, Jônio, Frígio ou **Jástio**,[97] e Dório); cinco secundários superiores, chamados pelo termo *hyper*, e cinco secundários inferiores, chamados pelo termo *hypo*. Mas é evidente que esses quinze modos não existiam nos tempos de Orfeu, nos quais estou persuadido de que a transposição de modos semitom a semitom era desconhecido.

Foi só depois de Pitágoras que essa transposição teve lugar, quando esse grande homem, tendo penetrado os segredos dos santuários Egípcios com uma coragem e uma constância[98] inigualadas até então, aprendeu e ensinou aos seus discípulos os princípios dessa ciência[99] e mostrou-lhes como preencher o sistema musical com uma série ininterrupta de intervalos diatônicos, cromáticos e enarmônicos, segundo rigorosas progressões matemáticas.

Quando Pitágoras[100] apareceu na Grécia nove séculos após Orfeu, rico em todo o conhecimento da África e da Ásia, encontrou a memória da filosofia praticamente extinta nas mentes dos homens, e seus mais belos ensinamentos mal compreendidos ou atribuídos a origens fantásticas. A tola arrogância de se considerarem autóctones, sem dever nada às nações vizinhas, perverteu todas as idéias dos Gregos. Em Creta

---

[96] No artigo publicado em 1849, acrescenta-se: "e três gêneros em cada modo."
[97] No artigo de 1849: "Iustien" no lugar de "Iastien".
[98] Variante do artigo de 1849: "com heróica coragem e infatigável constância".
[99] No artigo de 1849 acrescenta-se: "residindo no quaternário universal."
[100] Este parágrafo e o próximo são quase idênticos a uma passagem de *Histoire philosophique du genre humain*, vol. I, pp. 311 e seguintes, ao passo que a menção às pretensões autóctones também pode ser encontrada na *Dissertation*, p. 23.

situaram o túmulo de Zeus, o deus vivo; insistiam que o espírito divino Dionísio nasceu numa aldeia da Beócia, e o pai universal Apolo numa ilhota do Arquipélago.

Mil e um absurdos desse tipo eram populares, e quando as massas que neles criam se tornaram soberanas, os sábios foram arrogantemente condenados a crer neles também. Os Mistérios, estabelecidos para fazer a verdade ser conhecida, foram abertos a um número excessivo de iniciados e perderam sua influência; os hierofantes, intimidados ou corrompidos, perderam sua paz e consagraram a mentira. A verdade tinha necessidade de que se encontrasse outro meio para sua preservação.

Pitágoras foi o homem a quem esse segredo foi revelado. Ele fez pela ciência o que Licurgo fez pela liberdade. O legislador instituiu numa única área da Grécia um grupo de soldados contra quem se chocaria o despotismo Persa. O filósofo fundou uma assembléia de homens sábios e religiosos que, dispersando-se pela Europa, Ásia e mesmo África, combateram a ignorância e impiedade que ameaçavam se tornar universais. Os serviços que prestaram à humanidade foram imensos.

A seita que criou, que ainda não se extinguiu nos dias de hoje, cortando como um raio de luz a pesada escuridão infligida sobre nós pelas invasões bárbaras, a queda do Império Romano, e a necessária instituição de uma religião intolerante e supersticiosa, facilitou a restauração das ciências.

Foi ela que adiantou as ciências físicas, reviveu a química, limpou a astronomia dos absurdos que travavam seu progresso, ensinou-nos a importância da geometria e da matemática, e deu diretrizes à história natural. Influenciou igualmente o progresso das ciências morais, mas com menos sucesso contra os obstáculos que encontrou na obscura metafísica das escolas. É aos escritos dessa seita esclarecida e a certas felizes circunstâncias que devo minha redescoberta dos verdadeiros princípios da música e o fato de haver escrito sobre ela como tenho feito, seguindo uma retidão que indubitavelmente não escapou ao sagaz leitor, sua história sistemática entre muitas nações pelo período de cento e vinte mil anos.[101]

France Musicale, 8 de Outubro de 1843

---

[101] A *Histoire philosophique du genre humain* afirma cobrir apenas os últimos doze mil anos, não cento e vinte mil. Talvez "douze cent mille ans" seja um erro de impressão.

CAPÍTULO X

O SISTEMA MUSICAL DOS CRISTÃOS ORIENTAIS

Podemos presumir que nos tempos antigos o sistema musical dos orientais possuísse algum método de notação, pois os Egípcios, os Fenícios e os Gregos (cuja música influenciou a dos Persas), como sabemos, usavam as sete vogais, e os outros usavam todas as letras do alfabeto. Mas após uma série de revoluções que assolaram Ásia e África, parece que a memória desse método se perdeu no Oriente; pelo menos, é certo que nem Árabes nem Persas usavam algum tipo de notação para sua música antes de um certo Demetrius Cautemir, que tentou, em 1673, usar números para esse fim. Sua invenção, que teve algum sucesso na Turquia e particularmente em Constantinopla, é ainda hoje adotada na Pérsia e na Arábia. O próprio Egito parece ter permanecido ignorante quanto à notação, do que se pode entender dos Franceses que visitaram esse país.[102] Esses escritores dizem que a primeira vez que os Egípcios viram músicos Franceses escrevendo uma melodia enquanto a entoavam, e depois tocando-a, acharam que esse simples procedimento era mágico. Isso prova quão negligenciada está a ciência musical no Egito, e confirma a afirmação desses mesmos escritores quando descrevem a prática musical Egípcia como uma rotina cega cada vez mais e mais degenerada.

Os sistemas musicais dos Cristãos Orientais, variando de acordo com suas seitas, estão muito distantes do dos Árabes, dos Persas e dos Turcos, e nem sua notação sequer se assemelha àquela de que falei.

Os Etíopes, que merecem o primeiro lugar entre os Cristãos Orientais, usam as letras do alfabeto para notar sua música; mas essas letras, que às vezes formam uma palavra de uma ou duas sílabas, indicam mais os intervalos entre os tons que as alturas em si. Assim, *he* significa

---

[102] Refere-se aqui aos sábios que acompanharam a campanha egípcia de Napoleão em 1798-99, especialmente Guillaume André Villoteau, de cujo *Recherches sur l'analogie de la musique* saiu quase tudo neste capítulo.

o semitom crescente ou sustenido; *se* o semitom decrescente ou bemol; *ka* o tom inteiro; *ha* a terça diminuta; *wa* a terça maior; *e* a quarta; *zahe* a quinta, etc., etc. O sistema musical desses Cristãos, que afirmam ter sido inspirado pelo próprio Espírito Santo através de um santo de nome Jared, tem três modos: o modo *guez,* correspondendo ao modo lunar, modulação com o final em Mi; o modo *ezel,* correspondendo ao modo solar, modulação com final em Mi ou Fá; e finalmente o modo *avaraï,* o mais solene de todos, já que é dedicado às grandes festas, que é mistura dos modos solar e mercuriano, tendo final em Mi ou Sol.

O canto dos Etíopes, formalmente muito simples, é hoje em dia embelezado com ornamentos semelhantes aos dos Árabes. Pode-se julgar esta mudança em particular comparando um verso dado 150 anos atrás por Kircher[103] e desde então republicado com os ornamentos que se lhe acrescentaram. Pode-se ver, no lugar de um canto solene e majestático, um canto maneiroso e deturpado, sem qualquer expressividade. Todos os cantos sagrados dos Abissínios e Etíopes são desse tipo.

Os Coptas, que são os descendentes dos antigos Egípcios, têm uma música ainda pior que a dos Etíopes. Não só está cheia de infelizes firulas e ornamentos ridículos, como também são tão compridos que tornam suas cerimônias religiosas exaustivas, a ponto de os presentes terem de ter descansos sob as axilas para suportar a duração do serviço divino.

Os autores do atual relatório sobre *A Arte Musical no Egito* (*L'art musical en Egypte*)[104] reproduzem um canto Copta, aparentemente em Si. O sistema musical dos Coptas contém dez modos, mas as diferenças entre as modulações são tão estreitas, e sua melodia tão insípida, que os citados autores não estavam em posição de apreciá-las.

Os Cristãos da Síria, chamados jacobitas, não possuem método de notação para sua música sagrada. O que sabem de sua música é preservado pela tradição. Têm dois tipos de cantos, bem como dois rituais, fundados respectivamente por Santo Efraim, diácono da Igreja de Edessa, que viveu no ano 370, e por um discípulo de Eutiches chamado Jacó. Chamam o canto do ritual de Santo Efraim de *Meshouhbo Ephre-moïto,* e o do ritual Jacobita de *Meshouto Jacoboïto.* Cada sistema compreende

---

[103] *Musurgia Universalis* (Roma, 1650), vol. 2, pp. 134 e seguintes.
[104] G. A. Villoteau, *De L'état actuel de l'art musical en Egypte* e *Memoire sur la musique de l'ancien Egypte,* em *Description de l'Egypte,* ed. E. F. Jomar (Paris, 1809-22).

oito modos, entre os quais se pode notar as modulações dos principais modos Dório, Frígio e **Hydean**, ou Joviano, Marcial e Solar. A melodia Síria é agradável e muito menos ornamentada que a dos Etíopes.

Os Armênios usam uma espécie de acento para notar sua música, e esses acentos não diferem muito daqueles usados para indicar suas inflexões prosódicas. Mas parece que, como os outros povos Orientais, encheram suas melodias, originalmente simples, com ornamentos supérfluos. A prova disso é que Shröder, que publicou há cerca de cem anos um trabalho sobre o idioma dos Armênios chamado *Thesaurus linguae armenicae*, dava a música dos oito tons do canto religioso desses Cristãos Orientais. Em seu livro, essa música é muito simples, enquanto que nos exemplos trazidos pelos Franceses que voltaram do Egito podem-se encontrar ornamentos que pertencem apenas ao gosto do cantor Armênio que os ditou, e que não existem na versão prévia.

Esses Cristãos atribuem a invenção de sua música a um dos antigos patriarcas que viveu por volta do ano 364, e que a devia a uma inspiração do Espírito Santo. De acordo com o testemunho dos que estavam em posição de julgar, essa música é das melhores atualmente no Oriente. Sua melodia incorpora a graça e felicidade naturais de um povo ativo e trabalhador, que se rejubila em seu trabalho e não conhece o tédio.

Os Franceses que voltaram do Egito, autores do *Estado Presente da Arte Musical* (*L'état actuel de l'art musical*)[105] naquele país, tendo observado que os Orientais têm em geral muitas canções na forma recitativa, fizeram reflexões profundas nesse assunto. É certo, dizem eles, que os antigos Gregos distinguiam três tipos de canção: um puramente musical, cujos tons eram modulados; um segundo puramente oratório, cujos tons não eram modulados; e um terceiro, mistura dos dois primeiros, dedicado à recitação poética.

Dizem eles que esses três tipos de canção ainda existem no Egito, apesar de algumas alterações que a ignorância e o mau gosto impuseram, mas que não estão tão irreconhecíveis que não se possa distingui-los claramente. Enquanto tomamos cuidado para não cantar enquanto falamos, dizem eles, era precisamente isso que os Antigos se esforçavam para fazer; no Egito, todos os pronunciamentos públicos, seculares ou sagrados, são cantados.

---

[105] Ver nota anterior.

Quando os poetas improvisadores recitam seus poemas, usam um instrumento para apoiar suas vozes; esse instrumento, chamado *Rebah*, é dotado de uma única corda, que usam para manter o tom em que estão falando durante toda a recitação. Esses declamadores, chamados no Egito de *Mohaddetin,* são verdadeiros rapsodos que recitam poemas históricos ou românticos dos antigos poetas Árabes.

Quer na recitação poética ou salmódica, é uma verdadeira récita musical que pode ser notada e mesmo seguida por acompanhamento.

France Musicale, **30 de Julho de 1843**

CAPÍTULO XI

DEFINIÇÃO DE MELODIA; COMO É PRODUZIDA E MODIFICADA

Segundo a definição comum, melodia é uma sucessão de tons ordenados de acordo com as leis de modulação e ritmo, formando um significado que agrade os ouvidos. Mas parece-me que se pode perguntar, aos que estão contentes com essa definição, o que é que eles entendem por "formando um significado que agrade os ouvidos", e como é possível que uma sucessão de tons tenha um significado. Não creio que jamais se tenha dito que a pintura consiste numa sucessão de cores, nem que a poesia consiste numa sucessão de palavras, embora sejam esses evidentemente seus materiais. Não é a sucessão de tons que faz a melodia, mas sim o pensamento que presidiu a essa sucessão. Tons juntados sem critério nem forma podem eventualmente soar bem aos ouvidos, mas não formar um significado, assim como uma variação de cores pode seduzir os olhos sem nem sequer lembrar algo parecido com uma pintura.

Digamos logo de uma vez: não pode existir melodia sem pensamento, não mais que podem uma pintura ou um poema. Tons, cores e palavras são os meios que a música, a pintura e a poesia empregam para vestir os pensamentos de vários modos, e dar forma externa ao que existia previamente apenas na mente. Cada uma dessas artes tem sua maneira apropriada de ação. A poesia, animada por um pensamento geral, particulariza-o para expô-lo; a música, ao contrário, generaliza-o para ampliar sua beleza e força. Folhas pintadas também raciocinam em sua própria esfera, e contentam-se em fixar os efeitos que as outras duas artes apenas deixam incertos e fugitivos, nenhum deles sendo capaz de dispensar o movimento, desconhecido à pintura. Assim a poesia e a música emprestam-se ajuda e embelezamento mútuos; pois a poesia determina o que na música é muito vago, enquanto que a música expande o que na poesia é muito restrito. Assim, pode-se imaginar ambos como ministros do pensamento, dos quais o primeiro, levando idéias do céu à terra, particulariza o que é universal, enquanto que o segundo, elevando-as da terra ao céu, universaliza o que é particular; enquanto que a pintura, fixando a imaginação que tanto a música quanto a poesia agitam em direções opostas, e prende a alma no ponto que oferece à contemplação.

Após essas observações sobre a natureza e o objeto da música considerada como uma arte, creio que se pode definir a melodia, qual é sua essência, não como uma agradável sucessão de tons mas como expressão de um pensamento formado direta ou indiretamente pela poesia e tornado universal a partir de seu estado de particularidade por meio de tons sucessivos, cuja autenticidade, coordenação e extensão são determinadas pelas leis do sistema musical.

Quanto ao pensamento produtivo da melodia em particular, ou tudo o que tem a ver com a música ou com as artes em geral, eis o que diziam os Antigos. Diziam que o gênio dá à luz tudo o que é sublime, e nada sublime pode surgir sem ele. Acreditavam que pertence exclusivamente ao gênio falar dos assuntos divinos, e que a melodia que ele cria é capaz por si só de levar aos deuses as orações dos homens, e capaz de despertar na alma do homem a idéia e o amor da Divindade. Consideravam a ciência como auxiliar do gênio, mas incapaz de tomar seu lugar. Atribuíam ao pensamento que emana do gênio o poder de conhecer todas as coisas relativas aos homens e de alargar seus relacionamentos. Acreditavam que a melodia por ele criada é capaz de representar as obras da Natureza, acalmar as paixões dos homens, retraçar os eventos da vida ou torná-la mais feliz solapando a dor. O pensamento do gênio presidia a melodia sagrada, e seu verdadeiro domínio era o templo. O pensamento da ciência mostrava seu poder em melodia dramática, e reinava principalmente no teatro.

Exatamente o contrário do que acontece hoje em dia.

Mas como é raro a alma do homem permanecer em perfeita harmonia quando a virtude que o purifica não é suficientemente forte para levá-lo à altura da luz intelectual, os Antigos ensinavam que em sua perturbação ela permite que apenas uma faculdade prevaleça; e que no caso de essa virtude ceder seu império ao vício, e enfraquecer ao ponto da extinção, seu princípio é obscurecido, a ignorância e o orgulho sistemático usurpam o lugar da verdade e reinam pela opinião, prejuízo e interesse próprio.

Quando a alma sente apenas a perturbação de que falei, o pensamento que dela emana torna-se análogo ao da faculdade dominante.

A faculdade ideativa, exaltando a imaginação, dá às suas produções, e particularmente à melodia, uma cor romântica, e seguindo a parte da alma a que o princípio psicológico inclina, cria objetos fantásticos, dependendo da razão, paixão, ou prazer. A faculdade memorativa, por seu turno, agindo como soberana, retraça a memória dos objetos com que a alma está mais firmemente ocupada, de acordo com as mesmas leis, e os descreve com facilidade. É disso que emana a faculdade descritiva, e de onde o teatro recebe suas cenas mais profundamente dramáticas, sobretudo quando seu poder é exercido com a parte mais irascível e passional da alma. Finalmente, é da faculdade conceitual que o talento resulta: percebe as relações entre as coisas, conhece as formas, desenvolve e aplica as regras.

A melodia que produz é regular mas fria, especialmente quando seu império se baseia sobre a parte racional. A parte passional a aquece um pouco, mas apenas nas formas. O homem cuja faculdade ideativa guia suas composições musicais tem uma espécie de exaltação que o vulgar pode confundir com o gênio, embora seja essencialmente diferente dele; o homem dominado pela faculdade memorativa tem poder e charme, e aquele que segue a faculdade conceitual tem talento. O primeiro trabalha com o fogo, o segundo com o espírito, o terceiro com a frieza.

Pode-se entender do que eu disse que nunca se pode ensinar a ninguém como é feita uma melodia, porque ela depende inteiramente do pensamento do compositor que a busca em sua alma, cujo caráter ela carrega. Tudo o que se pode fazer é mostrar a esse pensamento os materiais que tem de usar e os meios que a Natureza deu para modificá-los.

France Musicale, **19 de Fevereiro de 1843**

CAPÍTULO XII

CONSELHO AOS JOVENS COMPOSITORES QUANTO À IMITAÇÃO

Já se disse das artes em geral, e da música em particular, que elas são uma imitação da Natureza. Esse princípio é sem dúvida verdadeiro se se souber entendê-lo, mas, por mais útil que seja nesse caso, nunca será tão prejudicial quanto no outro, qual seja: quando não é bem entendido. A Natureza, que é o objeto da imitação das artes, certamente não é, como imaginam os artistas vulgares, a natureza física cujos fenômenos atingem os sentidos, mas aquela cujas maravilhas se manifestam à inteligência. Tomar como modelo único as formas materiais da primeira é restringir-se a nada mais que um servil copista, um frio imitador.

É somente tentando tornar perceptíveis as belezas intelectuais da última que se pode pretender tornar-se um criador e alcançar o sublime em seu gênero, qualquer que seja. Se há uma entre as artes a que se pode aplicar o princípio em questão e dizer que é uma imitação da Natureza, é inquestionavelmente a da pintura; entretanto, quão medíocre e tolo é o pintor que se limita a reproduzir fielmente na tela as formas e as cores dos objetos que vê! Suas pinturas, vazias de sentimentos e de vida, aprisionada no círculo estreito da **chamada pintura genérica e do retratismo**, nunca se erguerá acima da caricatura. Seus esforços apenas tenderão a difamar a arte. Imita exatamente a Natureza, é verdade, copiando uma árvore, uma pedra, uma flor; tornando reconhecível ao primeiro olhar uma pessoa, um animal, ou algo do tipo; mas essa "natureza" não era certamente a mesma que inspirou Rafael quando compôs sua admirável Transfiguração. Vejam os soberbos monumentos de arquitetura projetados por Michelângelo ou Perrault, e me digam: onde na Natureza há modelos para a Basílica de São Pedro, ou para a **Colonnade** do Louvre?

O triunfo das artes não é imitar a Natureza, como já foi dito e exaustivamente repetido; é embelezá-la e elevá-la, dando-lhe o que ela não tem, transportando-a para além de sua própria esfera, para uma esfera menos restrita e mais nobre. De todas as artes, a música é aquela cujo triunfo nesse sentido é o mais fácil de se compreender; uma rigorosa imitação da natureza física não apenas a ofusca como também a aniquila, por assim dizer, ao pôr em seu lugar algo que não é ela. Uma simples experiência provará esta verdade.

    Ouça um bom cantor, ou um bom executante de flauta ou oboé, imitando em meio a uma orquestra o gorjeio dos pássaros; você se encantará, não em proporção à exatidão da imitação, mas em proporção aos sentimentos que você já teve e que o talento do músico e do compositor redespertaram em sua alma.

    Nada se parece menos com o rouxinol que essas frases melódicas, essas evoluções harmônicas que encantam seus ouvidos; e você reconhece o que o comoveu, e está comovido. Agora traga para essa orquestra uma daquelas bexigas que as crianças enchem d'água e sopram entre os lábios, em perfeita imitação do canto que você achou que estava ouvindo; no momento em que ouve essa miserável imitação, todo o charme é destruído e o prazer que a ilusão lhe dava se transforma em desgosto e enfado. Essa verdade já foi percebida e provada: é claro que os animais sensíveis à música,[106] e crianças encantadas pelas canções de suas babás, não procuram nelas nada do que têm de imitativo.

    Os selvagens repetem seus ferozes cantos sem a intenção de imitar nada da Natureza. É das emoções de suas almas que tiram sua melodia; é por seus acentos que dão suas expressões. O modelo que o compositor deve tentar imitar está em sua própria alma. Que ele procure, e descobrirá: sua alma é capaz de criá-lo.

    Se esse modelo não estiver à sua disposição, procurará em vão encontrá-lo em outro lugar. O que tirar da natureza material será sem vida, estéril. Não se comovendo, será incapaz de comover os outros; suas mais perfeitas imagens serão esqueletos, e os brocados emprestados que julga vestir sua dissecação sempre estarão fora de lugar.

    Ouçam este segredo, jovens compositores que buscam a perfeição na arte musical. Saibam que existe uma correspondência entre almas, um fluido secreto e simpático, uma eletricidade desconhecida que nos põe em contato uns com os outros. De todos os meios de movimentar esse fluido, a música é o mais poderoso. Você comunicaria um sentimento,

---

[106] Plutarco, *Symposium;* Buffon, *Histoire naturelle;* Morelet, *De l'experience musicale.* [FdO]

uma paixão, aos seus ouvintes? Você despertaria neles uma memória, inspiraria neles um pressentimento? Conceba esse sentimento, essa paixão, fortemente; penetre nessa memória, nesse pressentimento; trabalhe!

O que você quiser, será. Quanto mais energia você puser no sentimento, mais fortemente sentirão seus ouvintes. Experimentarão, por sua vez, e em proporção à sua energia e às suas próprias sensibilidades, o impulso elétrico que você imprimiu no fluido simpático de que falei. Não se preocupe em saber como isso funciona; não me pergunte como esse impulso pode ser comunicado ao papel e sobreviver ao princípio motriz que o determinou. Essas profundidades metafísicas não são seu assunto aqui. Faça como eu disse, se puder, e deixe acontecer. Mas, dirá você, é suficiente estar imbuído de um sentimento para comunicá-lo? É suficente conceber uma idéia forte para inspirá-lo? Não é preciso conhecer os meios necessários para isto? Certamente.

Independentemente de quão grande é sua inspiração, para pintar você precisa de pincéis e cores, e saber como usá-los segundo as regras do desenho. Querer fazer música sem ser músico é uma extravagância ridícula. Pincéis, aquarela, técnica de desenho não fazem um pintor, mas o servem. Conhecimento perfeito da ciência musical, compreensão de todas as regras harmônicas e melódicas, não fazem um compositor, mas sem eles não pode fazer nada. O melhor dos flautistas não pode mostrar seu talento se não tiver uma flauta para tocar.

Conheça, pois, sua arte; domine todos seus recursos; tenha em mãos os materiais de que precisa; esses serão os meios que você empregará para trabalhar essas maravilhas. Imagine que da força da sua vontade surgirá o talento, que direcionado pelo gênio não conhecerá obstáculos. É o gênio que dá aos materiais a vida que não possuem; o talento o ensinará como usá-los.

O gosto surgirá das suas reações às circunstâncias; pois o gosto é sempre relativo. Se, ainda aborrecido com a natureza dos materiais que a ciência lhe fornece, você me perguntar como pode vir a conhecê-lo, e de que modo você poderia, por exemplo, distinguir os meios de dar a uma melodia um caráter de tristeza ou alegria, ternura e força, responderei que isso dependerá precisamente da certeza do seu sentimento e da força de vontade que você usar para expressá-lo.

Se, querendo expressar tristeza, você puder mergulhar nesse sentimento, os meios de que você precisar para caracterizá-la surgirão por si mesmos, e trabalharão de acordo com a extensão do seu talento. É o mesmo para a alegria. Imagens não serão mais difíceis. As pinturas que você criar sempre dependerão da sua aptidão para representar o que vê para si mesmo. Se você perder os meios diretos de expressar suas idéias, se você sofrer desse tipo de pobreza que sempre vem do conhecimento insuficiente, você verá que pode recolher todos os meios indiretos para suprir isso; e freqüentemente você se surpreenderá ao ver que muitas coisas que passam por representar tristeza na verdade originaram-se da mera falta de prazer.

France Musicale, **17 de Novembro de 1844**

COMPLEMENTO
AO
CAPÍTULO XII

ADENDO A

Sinta fortemente o que você quer fazer sentir. Eu lhe asseguro, não há outro princípoio de expressão musical. É o único meio de atingi-la, quer para o compositor, quer para o executante. A inspiração primária pertence ao primeiro, a concepção secundária ao outro; um determina a causa, outro propaga os efeitos. Quando uma peça de música vocal ou instrumental é bem composta, é muito raro que o artista envolvido em sua execução não a sinta. Essa é a verdadeira "pedra de toque" do talento do executante.

Pode ter certeza de que se um instrumentista ou cantor, tendo diante de si uma peça musical em que o compositor realmente pôs uma afecção de sua alma, não puder distingui-la, então ele perde essa afecção; e se isso lhe acontece com freqüência e em muitas circunstâncias diferentes, pode-se dizer que aqui há pobreza de alma, uma falta de recursos morais que sempre o impedirá de ser um grande artista.

É através do exame atento e da reflexão apropriada da música composta pelos grandes mestres e unanimemente aceitas pelos executantes como contendo a expressão de um certo sentimento, que você aprenderá a conhecer os meios positivos que a ciência lhe oferece para expressar seu pensamento.

Você encontrará esses meios de forma mais simples e acessível nas canções populares, nas canções nacionais, nos preciosos restos da música antiga; mas você está errado se acha que esses meios, qualquer que seja o grau de perfeição com que você os possua, podem tomar o lugar dos seus próprios sentimentos. Saiba mais uma vez que não há efeito sem causa, que nada vem do nada, e que ninguém pode encontrar numa coisa aquilo que não está nela.

Já se disse algumas vezes que a música é uma linguagem universal. Isso é verdade num certo sentido. Pode-se de fato comunicar pela música os sentimentos, as afeições, mesmo as emoções; o que se deve notar bem é que essa comunicação sempre funciona de modo genérico, sem particularizar nada.

A música, intelectual em essência, não p .e receber formas físicas exceto através da poesia.

Sem a ajuda da poesia para fixar suas idéias, ela sempre permanecerá vaga e indeterminada. Eis por que essas ciências nunca se separavam na Antigüidade. Adicionavam a elas também a da dança, o tipo de arte que, sob o nome de mímica, regulava os movimentos do corpo e presidiam sobre o que chamamos de declamação e gestual. É certo que uma música perfeita não pode existir sem a união dessas três coisas: a palavra que determina a idéia, a melodia que a comunica ao sentimento e o movimento rítmico que caracteriza sua expressão.

Também é verdade que a música separada da poesia e tornada puramente instrumental está longe de desfrutar de todas as vantagens: é como uma alma privada de um corpo que cai em vaguezas e perde os meios de fazer sentir suas belezas. Se a dança propriamente não a sustenta, não evitará por muito tempo o aborrecimento que sempre acompanha algum grau de indecisão do espírito.

A perfeição da performance pode, por um momento, despertar a curiosidade e prender a atenção, mas a atenção logo se cansa, e a curiosidade, que pode sempre ser estimulada mais e mais, adormece. Compositores e instrumentistas esforçam-se para despertá-la, mas seus *tours de force*, seus bizarros esforços de todo tipo, sempre terminam por desgostá-los. Então se voltam à poesia.[107] Sigam o meu conselho: não separem, se puderem, três irmãs que se amam ardentemente, e que se embelezam umas às outras. Cultivem a poesia, a música e a declamação, e se as circunstâncias os compelirem a trabalhar apenas para os instrumentos, comecem pelo menos a estudar os efeitos de sua arte nas melodias em que a poesia deixou seus traços indeléveis. É só por esses meios que você se educará para a melodia e terá um estilo próprio. Deixe os que assim o quiserem que arranhem seus instrumentos para encontrar melodias e motivos que a poesia lhes recusa: esses motivos, que nada determinam, durarão tanto quanto os caprichos que lhes deram origem.

Leia muita música antiga, penetre os trabalhos dos grandes compositores, estude os poetas, vá ouvir bons declamadores.

Procure, trabalhe, não desista.

France Musicale, **24 de Novembro de 1844**

---

[107] O texto desta sentença diz: "Il faut alors revenir à la poésie, et la simplicité abandonné . venait de l'abus même qu'on avait fait des ornements", a que Pinasseau adiciona uma nota: "texte incomplet, conforme à celui de la revue."

CAPÍTULO XIII

HARMONIA ENTRE OS GREGOS E OS ROMANOS[108]

A perda daquela parte essencial da música conhecida como harmonia deve ser atribuída às numerosas revoluções de que nosso hemisfério foi palco e à escuridão que por muito tempo velou a face da Terra. Estamos convencidos de que nos tempos antigos a Índia e a China conheceram seus mais secretos elementos, e que Grécia e Roma não os ignoravam. Para se convencer da verdade nesta afirmação quanto à Grécia e a Roma, basta percorrer os livros que falam direta ou indiretamente de música. Platão parece aludir a ela em muitas passagens,[109] mas onde não deixa dúvidas é nas *Leis,* onde, após censurar o abuso que os músicos fizeram dela, exclama:

"Se as Musas inspirarassem esses compositores, eles não ultrajariam a verdade a ponto de adaptar a palavras masculinas e cheias de nobreza uma melodia efeminada e frágil... Não emulariam os gritos dos animais com vozes humanas e instrumentais, nem trariam tal confusão a todos os tipos de sons por simples imitação. São apenas músicos sem inspiração, que podem confundir e misturar todas essas coisas sem gosto nem princípios. Merecem ser motivo de riso dos que, como dizia Orfeu, receberam sua parte nas graças da harmonia."[110]

Depois de clamar tão fortemente contra o abuso da harmonia, Platão ataca, pouco depois, a proliferação das dificuldades instrumentais e das *tours de force* na execução da lira e da flauta. Ri dos que tocavam depressa, sem perder uma nota, e os considerava efeito de grossa ignorância e vã ostentação.

---

[108] Este artigo apareceu também na *France Musicale* em 11 de agosto de 1850, sob o título *"Si les anciennes ont connu l'harmonie?"* ("Os Antigos Conheciam a Harmonia"?), assinado F. D., com as seguintes variações: o artigo começa com "Tudo me leva a crer que..."; no parágrafo 1, a segunda sentença começa "Estou convencido de que..."; no final do parágrafo 3, acrescenta-se: "Este filósofo absolutamente não deseja que as crianças desperdicem seu tempo aderindo a isto, e aqui dá ele outra inequívoca prova da existência da harmonia." As notas aos trabalhos citados não estão neste artigo como ele apareceu em 1850.
[109] *Filósofo, Laches, Teeteto.* [FdO]
[110] *Leis,* II. [FdO]

"Com respeito à variedade e à disparidade dos tons, quando alguém toca uma parte na lira enquanto o cantor executa outra, e quando por oposição tons freqüentes e infreqüentes, rápidos e vagarosos, altos ou baixos; alguém consegue um acorde sem dissonâncias; e também com respeito aos ritmos que são infinitamente variados para acomodá-los às notas da lira, é desnecessário que as crianças pratiquem todos esses finos pontos da arte."[111]

Os Gregos não eram os únicos a conhecer e aplicar a harmonia simples, como vimos, mas também usavam uma espécie de harmonia figurada por meio da qual compunham em três modos de uma vez. Sacadas e Clonas construíram sua fama nessa espécie difícil de composição. Estratônico também é tido como inventor de certos acordes, junto com o método para sua notação.[112]

Os Romanos, ao receberem a melodia dos Gregos, receberam também sua harmonia. Sêneca deixa isso claro nesta passagem que não permite ambigüidades:

"Você não vê de quantas vozes diferentes é composto um coral? Entretanto, de todos esses tons diversos resulta um único. Há vozes altas, baixas e médias; vozes femininas e masculinas unidas, as flautas sopram em seus tons, e tudo isso é ouvido simultaneamente sem predomínio de nada em particular.

... Em nossos teatros há mais músicos que espectadores... Ainda assim, embora as passagens estejam cheias de cantos, o anfiteatro reboa com trombetas e todos os tipos de outros instrumentos, de tantos tons diferentes alcança um único acorde."[113]

É preciso ser estúpido demais para se recusar a ver que isso é harmonia. Os Gregos a conheciam sem dúvida; mas do século de Platão em diante, ela começou a corromper-se. Os Romanos, que não conheciam seus princípios, levaram seu abuso ao excesso; e logo desapareceu no cerne das tempestades políticas que varreram o Império, submersa em torrentes de sujeira. Talvez alguns frágeis vestígios se mantivessem junto aos fragmentos de melodia que sobreviveram aos desastres, mas, para falar a verdade, o fanatismo dos primeiros Cristãos opôs-se a isso, já que as consideravam, ao lado das belas ciências, inspirações do espírito infernal e criações ímpias que deviam ser exterminadas pela raiz.

---

[111] *Leis*, VII. Esta passagem é peremptória, e é de espantar, após sua leitura, que alguém possa duvidar de que os Gregos conheciam a harmonia e o acompanhamento instrumental. [FdO]
[112] Ateneu, I, VIII, cap. 2. [FdO]
[113] *Epístola* 84. [FdO]

Muitos Padres da Igreja preseguiram-nas sem descanso. Sem os esforços do Papa Gregório I, talvez alguns dos escritos dos Gregos e Romanos sobre harmonia tivessem chegado até nós; mas ele não permitiu que nada sobrevivente da espada bárbara escapasse às chamas das suas fogueiras. Uma prova de que a destruição da harmonia estava no espírito da Cristandade é que na época da Reforma de Lutero, quando havia a vontade de se restaurar a Igreja à sua pureza original, ou seja, às sombras das superstições de que a cultura das artes e das letras começou a removê-la, Calvino,[114] o mais radical dos reformistas, proibiu a música como invenção infernal, e essa era a razão por que espetáculos eram proibidos em Genebra, e por mais de um século nenhum instrumento musical foi visto naquela cidade.

De resto, o fato não escapou à sagacidade de certos escritores modernos que, estudando a história da música sem preconceitos religiosos, viram claramente que a perda dessa ciência não se deveu exclusivamente à ação dos bárbaros. Um deles, notando as contradições entre os escritores dos quinze primeiros séculos da nossa Era, expressou-se assim:

"Uma vontade mais inteligente e poderosa controlava as penas dos escritores daqueles tempos: ditou-lhes as mais absurdas e inconseqüentes idéias, que as autoridades adotaram, ou ocultou-as sob sofismas quase inextricáveis. Aqueles que instituíram ou simplificaram a arte da notação não perderam a inteligência musical, mas um maquiavelismo monástico fez com que a enterrassem e a substituíram por um sistema incompleto que relegou a música antiga ao esquecimento, especialmente as belas canções da Grécia..."[115] E acrescenta: "O estilo musical foi mutilado não pela invasão dos bárbaros, como sempre ouvimos dizer, mas sim pelos preconceitos de um culto religioso que achava ser de seu próprio interesse apagar não apenas as memórias das belas canções da Grécia, mas até mesmo remover os meios de se as compor."[116]

"Um Antiquário"
***France Musicale*, 30 de Junho de 1844**

---

[114] A mesma nota em *Histoire Philosophique du genre humain*, onde Calvino é comparado com seu conterrâneo genebrino Jean-Jacques Rousseau.

[115] [P.-J. J. de la Salette] *Considérations sur les [divers] systèmes de la musique [ancienne et moderne, et sur le genre enharmonique des Grecs* (Paris, 1810)], vol. II, p.79. [FdO]

[116] Op. cit., vol. II, p. 104. [FdO]

CAPÍTULO XIV

A ORIGEM DA NOTAÇÃO E DA MÚSICA MODERNA

Hoje em dia, é difícil dizer por que o Papa Gregório, querendo separar dois modos de seu sistema para entregá-los ao entretenimento das massas, escolheu precisamente os de Dó e Lá. É igualmente difícil conhecer exatamente as razões que o fizeram suprimir a corda *hypate-hypaton*, Si. Suspeita-se que, qualquer que seja a forma que tomaram suas idéias, não são muito diferentes das de Santo Ambrósio, quando este bispo misturou os nomes dos modos e confundiu-os uns com os outros. Seu intento comum era sempre denegrir o sistema Grego e causar seu esquecimento. E seu sucesso foi completo: por mais de dez séculos, somente seus modos foram usados.

A música secular, tida como sacrílega, foi banida; os modos que foram franqueados ao público acabaram abandonados, tanto que seria difícil depois encontrar algum vestígio deles. Foi apenas no começo do século XI que Guido d'Arezzo ousou fazer algumas correções, sempre se desculpando e explicando que não seguia os procedimentos dos filósofos em sua explicação das regras musicais, mas sim que se atinha apenas ao que era estritamente necessário aos usos da Igreja e à educação das crianças.

Esse Guido d'Arezzo, também conhecido como Guy Aretino, celebrado com justiça pelos músicos modernos, prestou dois serviços importantes às ciências: primeiro, inventando ou aperfeiçoando as marcas que servem hoje às notas musicais; segundo, dando nome a essas notas. Com o primeiro, facilitou o renascimento da harmonia lhe deu novos desenvolvimentos; com o segundo, tornou a melodia mais fácil de se reter e aprender. A Harmonia foi, no princípio, chamada de "contraponto", por causa dos pontos com que era notada, sobrepostos uns sobre os outros. Mesmo em seu estágio mais simples, desagradou ao Colégio Sagrado; assim é que vemos, em 1316, o Papa João XXII declarar em Bula[117] que não permitiria que os novos acordes fossem misturados aos cantos da

---

[117] Bula que foi proclamada em 1324/25, em Avignon.

Igreja, uma vez que o contraponto podia deturpar a nobre simplicidade desses cantos.

O próprio poder secular não foi mais indulgente, pois, apesar da permissão que Luís IX deu para a formação de uma Academia de Música, o Parlamento de Paris a fechou, sob o argumento de que os músicos não se restringiam às regras eclesiásticas e misturavam todos os gêneros e modos como bem entendiam.

Quanto aos nomes que Guido d'Arezzo deu às notas, tomados, como bem sabem todos, das primeiras sílabas de um hino a São João, deve ser destacado que ele se restringiu às seis primeiras: Ut (Dó), Ré, Mi, Fá, Sol, Lá, não ousando chamar Sá à sétima, como poderia ter feito, e como sem dúvida faria, se ordens de cima não o tivessem advertido. Coisa surpreendente, que não pode ser resultado de mero acaso, é que essa nota essencial passou cinco séculos sem nome, enquanto todas as outras os tinham, apesar dos problemas e dificuldades que isso acarretava.

Foi somente por volta de 1650 que a sílaba Sá ou Si foi introduzida na escala, onde era tão necessária. Furetière diz que um músico chamado Lemaître a defendeu por trinta anos,[118] mas deparou com tamanha oposição que morreu sem ter sucesso em sua empreitada, e foi só depois disso que suas idéias triunfaram sobre uns poucos velhos conservadores. O escritor onde li essa história, achando que é coisa corriqueira deparar-se com tal oposição, não cogitou que poderia haver grandes interesses por trás disso.

Isso é tanto mais certo quanto mais se sabe da influência dessa nota no sistema musical, e quão importante era mantê-la oculta. De resto, a culpa neste caso definitivamente não era dos músicos, já que tinham que respeitar as leis que lhes foram dadas; cabia à alta autoridade clerical, que estabeleceu essas leis numa era de trevas, entender que havia chegado o tempo de modificá-las. Se essa autoridade tivesse sabido aproveitar-se da incipiente aurora para deixar de opor-se a essas mudanças, não teria exposto as virtudes dos músicos a uma luta contra a razão e contra a autoridade. Mas esse supremo sacerdócio preferiu permanecer nas trevas, enquanto o povo se iluminava.

O que aconteceu, então?

---

[118] Antoine Furetière, autor do *Dictionnaire Universel* (1690), Jean Lemaire (sic), citado em Marin Mersenne, *Harmonie Universelle* (1632), *Traité des Consonnances*, livro IV, p. 342, como inventor de um novo sistema de notação.

O que tinha que acontecer: a música sagrada, cujos defeitos vinham sendo constantemente ignorados, e à qual nenhum embelezamento foi adicionado, foi abandonada; e a música secular, fugindo finalmente de suas correntes, ressurgiu forte o bastante para obliterar sua rival.

Foi o ritmo, inteiramente desconhecido à música antiga, que mais contribuiu para o sucesso da música secular, quando foi introduzido sob o nome de "metro". Jean de Muris[119] foi o autor dessa admirável invenção, que deu a cada tom uma duração relativa, representando-as por meio de certos sinais adicionados às notas. Foi o primeiro a conceber o ritmo de forma abstrata, e a aplicá-lo isoladamente à música, independentemente do peso silábico da linguagem. Essa idéia, afortunada por si só e expressa de forma clara e simples, foi a maior contribuição dos tempos modernos ao aperfeiçoamento dessa arte.

Os Antigos indubitavelmente conheciam o ritmo musical, e os Trovadores também introduziram uma espécie de métrica em sua música; mas nenhum deles descobriu os meios, aparentemente tão simples mas de fato tão dificultosos, de determinar esse ritmo ou metro de modo a apresentá-lo à mente, como se se desenhasse no papel mesmo as mais finas nuances do movimento. Essa invenção, justamente tida como admirável, dá à nossa música uma incontestável superioridade à de todos os outros povos, sem exceção – não esquecendo que essa música, fundada em princípios verdadeiros, usava apenas as afinações corretas.

Entretanto, as invenções de Guido d'Arezzo e Jean de Muris deram um grande impulso à música do homem comum. Logo as notas do sistema foram expandidas para cobrir quatro oitavas, e finalmente o gênero cromático ascendente foi descoberto, por meio do uso do sustenido (o bemol já era usado como símbolo do gênero cromático descendente). A harmonia, distinta do contraponto, chegou à perfeição, e Itália, Espanha e França encheram-se de teatros, onde a música dramática fez um progresso extremamente rápido.

F. D. ***
France Musicale, 1 de Agosto de 1852

---

[119] Autor da *Ars Novae Musicae* (1319).

CAPÍTULO XV

A MÚSICA DOS FENÍCIOS

A música dos Fenícios, de acordo com Fabre d'Olivet, nosso guia neste trabalho histórico, era dividida em muitos ramos, e formada em tantos sistemas individuais quanto havia seitas entre eles. Essas seitas davam seus nomes aos povos que dominavam, e também serviam para designar os tipos de música que eles faziam. Portanto havia o modo Lídio (modo Venusiano, ou da faculdade generativa universal), o Frígio (o do líder, ou do rei-pastor), o Dório (da liberdade, ou da energia masculina), o Jônio (da pomba, ou da natureza feminina), etc. Cada um dos diferentes modos encontrados entre os Gregos tinha suas próprias características.

Dentre eles, o que parece ter sido mais freqüentemente adotado na Fenícia era o modo popularmente chamado "comum", que os Gregos chamavam de Lócrio, sendo o modo característico da aliança. O tom fundamental desse modo era o Lá, que dominava o sistema musical Fenício.

Como essa nota era associada à Lua, que estava em primeiro lugar entre as divindades dos povos Amazonianos (ou seja, devotos da natureza feminina), deram a esse modo o nome de *lyn*, que significa "estrela da noite"; depois, os costumes da época a transformaram em personagem mítico que, subseqüentemente passando por um músico famoso, foi professor de canto de Hércules. Seja como for, Heródoto afirma que se tratava de um tipo de música originária do Egito, que havia alcançado a Europa através da Fenícia.

Esse tipo de música, que ele chama de *linos*, era de caráter triste e melancólico. Isso corresponde precisamente à idéia que os Chineses modernos têm do modo Fenício, cuja tônica, Lá, eles designam pelo expressivo nome de *hou si*, "Lamento Ocidental".

No momento em que os Pastores desmembraram o Império Indiano e formaram a famosa seita que deu origem à nação Fenícia, supõe-se que chamaram as sete notas de seu sistema musical pelos nomes das sete vogais de seu alfabeto, de modo que a primeira dessas vogais, *alfa* ou A, foi aplicada ao princípio Cipriota Fá, que eles consideravam o primeiro, e a última, *ain*, que os Gregos chamavam *ômega* e nós de *u*, era aplicada ao princípio Saturniano Si, que eles consideravam o último. Pode-se acreditar que foi uma conseqüência natural desse sistema de notação o surgimento dos dois tons básicos, associados aos dois princípios do Universo, que gerou o famoso provérbio dito pelo Ser Supremo para designar sua onipotência e imensidão:

"EU SOU O ALFA E O ÔMEGA"[120]

De qualquer modo, seja porque os Fenícios tinham dois sistemas para notar os tons, ou eles os considerassem procedentes dos intervalos harmônicos Si, Mi, Lá, Ré, Sol, Dó, Fá, ou dos diatônicos Si, Dó, Ré, Mi, Fá, Sol, Lá; ou porque o tempo ou as revoluções políticas e religiosas causaram mudanças nessas notações, é claro em muitas passagens dos escritores antigos que a nota Lá, associada à Lua e tônica do modo *comum* ou Lócrio, era notado pela vogal A; desse modo, a escala inteira cantada na descendente era solfejada nas sete vogais Fenícias, hoje desconhecidas; e ao descer dos tons altos para os baixos, ela ia conseqüentemente da direita para a esquerda, ao invés de dos tons baixos para os altos e da esquerda para a direita. Os Pastores, ao romper com o Império Indiano, adotaram esse método, que transmitiram aos que dependiam deles, direta ou indiretamente. Os Egípcios, os Árabes, os Assírios, os Gregos, os Etruscos receberam-no e conservaram-no, por mais ou menos tempo, segundo as circunstâncias. Os Árabes, e todos os que receberam o legado do Islã, ainda o seguem nos dias de hoje.

Escudier, *Dictionnaire de Musique*

---

[120] Apocalipse de São João 1:8, 21:6, 22:13.

Leia também...

A publicação desta edição de *História Filosófica do Gênero Humano*, do genial Antoine Fabre d'Olivet, acontece em um momento muito particular da nossa história. Com a proximidade do início do terceiro milênio da nossa era, os questionamentos filosóficos sobre a estrutura social moderna, suas origens e conseqüências voltam a ter lugar de discussão fora das academias formais e das universidades. Após um longo período de fragmentação do conhecimento humano com as ciências sociais sobre o domínio despótico dos políticos profissionais, com as manifestações religiosas e seus preceitos confinados ao interior dos templos das várias correntes e com a reflexão filosófica refém das construções ideativas como um fim em si mesmas, chegamos a um momento crítico em que o ser humano comum quer voltar a assumir sua condição de ser pensante e questiona todas estas estruturas que deveriam fazer parte da vida diária, mas que se fecharam ensimesmadas na ilusão de uma existência independente.

Nesta importante obra, o autor dá a primeira chave para identificação da Inteligência acima de todas as coisas e para a conciliação definitiva entre os vários segmentos sociais. Existe atualmente uma forte tendência planetária para a busca da convergência entre os sistemas religiosos e entre os ramos da ciência; o mesmo acontecendo com as Artes e com a Filosofia.

A edição deste livro pela Ícone Editora em comunhão com a Ordem Iniciática do Cruzeiro Divino visa facilitar esta convergência de idéias, mostrando que a Tradição de Síntese sempre esteve viva, aguardando o momento propício para novamente florescer entre os hoens. O momento é chegado e assim damos nossa contribuição à História, ajudando a construí-la.

    A tradição intelectual, quanto às religiões é de valorizar o que doutrinariamente as diferencia, em detrimento do vasto universo que as aproxima. Isso empobrece o discurso religioso e o contradiz. Religião, qualquer que seja, é religião – religação com nossa origem espiritual.

    Nesses termos, não há como fugir à conclusão: o ser humano é, sobretudo, um ser religioso, ainda que se proclame ateu. Essa visão holística da religiosidade, buscando-a nos diversos campos do conhecimento e da atividade humana, em todos os tempos e civilizações, constitui um dos aspectos mais interessantes deste livro, *A Essência da Espiritualidade*, de Márcio Catunda.

    Este livro é uma viagem intelectual em torno do fenômeno da espiritualidade, mostrando-a através de épocas e autores, dentro da perspectiva de valorizar os pontos de convergência e de união entre os diversos credos religiosos. Não apenas: mostra também a presença da religiosidade, nos diversos campos do conhecimento humano, da filosofia à ciência política, passando pela ciência jurídica, pela arte e pela literatura.

    Sem dúvida leitura indispensável nestes tempos de fim de milênio e de expectativa de advento de uma Nova Era.

Principais temas abordados nesta obra:
- Estudo Histórico
- Os Mundos Planetários
- Descrições do Sistema solar e Estudo comparativo dos planetas
- Fisiologia dos seres sobre a terra
- Imensidão dos Céus
- A Humanidade no Universo
- Os habitantes dos outros mundos
- Inferioridade do habitante da terra
- A humanidade coletiva
- Cosmogonia dos Livros Santos
- Tabela dos pequenos planetas situados entre Marte e Júpiter
- O calor na superfície dos planetas
- A constituição interior do globo terrestre
- A análise espectral e a vida sobre outros Mundos
- Como se determinam as distâncias das estrelas à terra (Cálculo de Paralaxe)
- Extratos filosóficos sobre a pluralidade dos mundos (Plutarco, Cyrano de Bergerac, Fontenelle Huygens Voltaire Swedenbord Charles Bonnet Lambert, Sir. Humphy, Davy Young , De Fontanes e Ponsard).

Trata-se de um livro que interessa a astrônomos, astrólogos, ufólogos, filósofos, esoteristas, espíritas, espiritualistas – enfim, todos os que buscam a compreensão do Universo em que vivemos, e para os quais esta obra clássica representa uma fonte inesgotável de sabedoria e esclarecimento.

Vamos descobrir, através das tradições populares, o que a história sagrada quer revelar-nos.

Este livro permite reconhecer, de forma clara e profunda, o paralelismo existente entre os mais diversos deuses e os santos da tradição cristã, a identidade entre os cultos pagãos e cristãos e a consciência universal de conceitos como a Criação, a Salvação, o Apocalipse e o fim do mundo.

- Como os antigos deuses conservaram sua imortalidade, reencarnardo-se nos mártires dos circos romanos.
- Quando a autoridade religiosa se apercebeu das premências da freguesia e lhe devolveu sua devoção às divindades ancestrais.
- Quem foram alguns santos antes de ascender à Glória que les reservou o cristianismo.
- De onde surgiram os lugares sagrados que hoje são objeto das mais arraigadas tradições de nossos povos.
- De que cultos ancestrais emanaram muitas das devoções que cobrem o universo cultural do mundo cristão.